逆袭衰老

苏　红　著

中国文联出版社

图书在版编目（CIP）数据

逆袭衰老 / 苏红著. -- 北京：中国文联出版社，2017. 4（2023. 3 重印）

ISBN 978 - 7 - 5190 - 2690 - 5

Ⅰ. ①逆… Ⅱ. ①苏… Ⅲ. ①养老—研究—中国 Ⅳ. ①D669. 6

中国版本图书馆 CIP 数据核字（2017）第 090374 号

著　　者　苏　红
责任编辑　郭　锋
责任校对　李海慧
装帧设计　中联华文

出版发行　中国文联出版社有限公司
地　　址　北京市朝阳区农展馆南里 10 号　　邮编　100125
电　　话　010 - 85923025（发行部）　　85923091（总编室）
经　　销　全国新华书店等
印　　刷　三河市华东印刷有限公司

开　　本　880 毫米×1230 毫米　1/32
印　　张　5. 5
字　　数　81 千字
版　　次　2023 年 3 月第 1 版第 2 次印刷
定　　价　58. 00 元

目录

第一篇 老龄化的到来，你准备好了吗

“老龄化”如今已经成为一个备受关注的话题，或许不久之后你也将步入这一行列。这对于很多女性来讲是无奈而残酷的，但时光就真的不可逆转吗？未必！

第二篇 衰老没有想象的那么可怕

衰老之所以可怕，是因为我们看到了太多衰老之后的容颜减退、身体衰落、晚景凄凉，以为我们自己以后也将是这样。如果我们跳出这个固有观念呢？我偏要美美地、充满活力地面对时间，你能拿我怎样？

第三篇 自我保健，让身体的时钟就此定格

身体如同一台精密的机器，有些部位长时间不动就会生锈，有些部位长时间使用就会损耗。有针对性地锻炼与保养，就能让你的身体永远保持最理想的状态。

第四篇 精致生活，时间让女人更具魅力

每一件精美的艺术品都透着一种令人着迷的神韵，女人也是如此。提升自己的内在涵养、寻找新的追求，做一个灵魂有香气的女子。

第五篇 幸福的女人最为美丽

对于一朵鲜花来讲，它的美丽来自于清澈的泉水、肥沃的土地和明媚的阳光；对于一个女人来讲，她的美丽来自于幸福的家庭、自信的人生与自我的养护。而这些首先需要你是一个智慧的女人，要懂得如何照顾家庭、照顾自己。

前言

在中国社会人口老龄化大潮滚滚来袭之时，在你也即将步入老龄这个令人苦恼的年龄段时，你是否准备好了，用什么样的生活方式对待自己的下一段人生：是用积极的态度，选择自己最想要的生活，从容、优雅、自由、健康地走过下一段生命旅程；还是让自己一天天加速地衰老下去，沦为“被养老”的尴尬局面，这是我们每个人都会面临的一次选择。

时间让我看到母亲一天天衰老的全过程，耳朵里不断传来关于中国老龄人口增长，以及专家们对于人口老龄化的讨论和担忧，加之我也慢慢进入这一个年龄段，所以，便有了更多的观察和思考，因而萌发了写这本书的冲动。

我母亲87岁高龄，每天坚持运动从没停止过。她是一位好强、能干、不甘示弱的女人，虽然年龄大了，身体也出现一些力不从心的感觉，但脑子特别清醒，经常和几位同院的老人打打小麻将，我妹妹还教会她上网玩游戏、手机拍照、玩微信。儿女媳妇都孝顺，吃穿住行都不愁，在外人眼里她是一位很幸福的老人了，但她始终感受到内心的空虚，空余时间难以打发。最近几年我母亲说得最多的一句话就是“怎么不知不觉就老了呢”。

我能深深地感受到其中的不甘心和遗憾，他们那一代人生不逢时，由于观念和客观条件的局限，没有机会去做自己想做的事情，选择自己想要过的生活。改革开放后不久就下岗了，那时已年过花甲，想学什么、想干什么也没有机会了。不甘心呀，这是我母亲这一生最大的遗憾了。再加上那一代人传统的思维方式，要想冲破一些障碍是有困难的，所以老年生活不免显得单调乏味和无奈，但却无法改变现状，只能留下诸多的遗憾。

再看看我身边的一些朋友，也深感岁月是多么的无情，这么快就在她们身上留下衰老的印记，挣扎在无聊无奈的生活边缘和病痛中，不知不觉中消耗掉了人生最宝贵的岁月。

人都会衰老，这是自然界的规律。“逆袭衰老”——这是我看到我母亲和身边的朋友们走向衰老的过程中感悟出来的，应该也是每个女人的心愿吧。

逆袭衰老，不等于不老，而是通过人为的努力，让这个过程减缓一些，延迟一些。

我们都知道，一个物体在下行的时候速度是会加快的。女人过了 40 岁的年龄，理论上身体机能开始衰退，就好比一个物体，通过了抛物线的顶端，便处于下行阶段了。如果没有外力的干预，速度就会逐渐加快，但如果有一种力量在后面拉住，下行的速度就会减缓。

这就是我在这本书里想告诉朋友们的，在我们的生命转向之时，如何形成这样一股力量：减缓下行的速度，让我们继续保持年轻的心态、健康的体魄，让生命再度释放光彩。

我经营企业差不多 20 年，在这期间有很多得失，有一点经验特别重要，值得与大家分享——你想要的东西，一定要为之付出代价才能获得。梦想要照进现实，最关键的环节是行动，不然梦想将永远停留在想的层面。

看到我母亲的状态，想到自己的后半生该如何度过。为了避免我母亲的现实在我这儿重演，退休后，我为自己制定了一个全面的规划，用自我的掌控力，延缓衰老，远离衰老，保持心理和身体年轻的状态。几年下来，颇有心得和效果，希望能与大家分享我的经验，让更多奔五奔六的女性朋友，能从中受益。

看到当下中国如滚滚大潮般壮大的“老龄化大军”，不堪重负的养老金、医疗保险和无法满足的养老需求，我们需要对衰老、对退休，以及退休以后生活方式的选择等问题，认真地重新定位和思考。

我呼吁：有超前观念，即将奔五奔六的朋友们，对自己的未来，一定要有前瞻的考虑，摆脱传统的养老思维，力所能及地依靠自己的力量，提前筹划，提前准备，选择一种自己喜欢的生活方式，从容、优雅、自信、健康地走向下一段人生旅程。

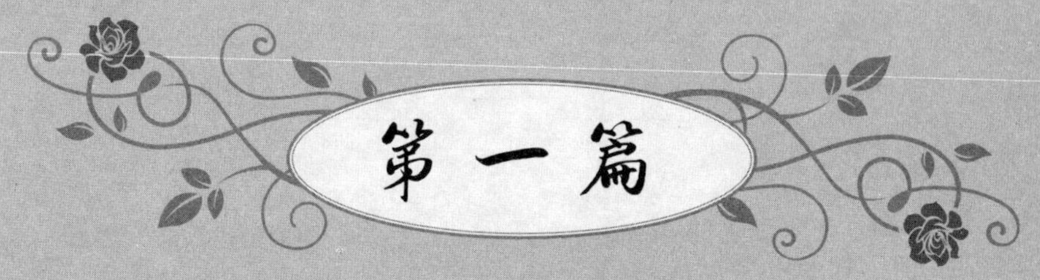

老龄化的到来，你准备好了吗

“老龄化”如今已经成为一个备受关注的话题，或许不久之后你也将步入这一行列。这对于很多女性来讲是无奈而残酷的，但时光就真的不可逆转吗？未必！

第一章　中国社会人口老龄化

是让自己一天天加速地衰老下去，被动卷入老龄化的滚滚大潮中，沦为“被养老”的尴尬局面；还是让自己再年轻 20 年，从容、优雅、健康、自由地过自己想要的生活，这应该是人生中一次非常重要的选择。

老龄化，对于中国人来讲还是一个全新的名词。我们才匆匆忙忙奔小康，怎么转眼就老龄化了呢！

按照国际标准，一个国家，60 岁以上的人口超过总人口的10%，这个国家就已经进入人口老龄化社会。所谓“老龄化”，是指社会总人口中，年轻人口数量减少、年长人口数量增加而导致的老年人口比例相应增长的动态过程。

世界上老年人口比例最大的国家有五个：意大利、希腊、日本、西班牙和德国。

全世界人口老龄化的国家多了去了，为什么中国的人口老龄化却让人特别担忧呢？

欧美一些发达国家在进入人口老龄化社会时，人均国内生产总值（GDP）一般都在5000至10000美元左右，而我国目前尚不足1000美元，但60岁以上的老龄人口已经超过总人口的10%，是典型的“未富先老”国家。

“未富先老”，是中国人口老龄化最显著的特点。对于欧美诸多发达国家，步入人口老龄化社会时，社会的富足程度和福利成熟度都已经达到较高水平。而我国，则是在尚未实现现代化、经济还不发达的情况下，提前进入老龄化社会，即“未富先老”。

无论我们承认与否，中国已经迈入“未富先老”的老龄化时代。我国已成为全球老龄化速度最快的国家，多数国人都将面临刚刚摆脱贫困处境，却已衰老

的困境。

中国人口老龄化接下来面临的最大问题，就是年轻劳动力短缺，养老金巨大缺口，养老设施机构和养老服务无法满足社会需求的尴尬处境。

由于国还不富，民也还不富，随着时间推移，进入这个年龄段的人口会不断增多，加之人口平均寿命在升高，那么这支队伍就会越来越庞大，对于养老机构、养老服务、医疗配套等诸多的需求也会不断增大。这是一个非常严峻的挑战。

一群70后的朋友聚会，他们在一起聊得最多的居然是今后的养老问题，这让我非常吃惊。是在现在居住的城市养老，还是叶落归根回老家养老，成为大家议论的焦点。有人已经在老家买了房子，准备了告老还乡的后路。有人还在犹豫中。这说明中国目前面临的养老问题，已经让国民有所担忧了，特别是独生子女的家庭。

提前了解这些信息，更有利于朋友们对自己未来的选择和决策。

如何面对未来，在中国这个快速老龄化的时代大背景下，作为一个个体，在我们即将进入“老龄化”这个年龄段时，是让自己一天天加速地衰老下去，被动卷入老龄化的滚滚大潮中，沦为“被养老”的尴尬局面；还是让自己再年轻 20 年，从容、优雅、健康、自由地过自己想要的生活，这应该是人生中一次非常重要的选择。

即将退休的朋友们，应具备足够的精神、知识、财务准备，对于未来社会的变化、自己的变化，提前预知，提前筹备，才是最明智的选择。

其实不只是在哪里买房子、住在哪里养老那么简单，更重要的是活下来，活得更健康，更精彩，更充实，更有意义，这都应该是朋友们最关心的话题。本书后面的章节会一一告诉你。

第二章　远离衰老，让自己再年轻 20 年

留住少女的心态，跟上青年人的思维，与时代节奏同步，远离衰老，活出一个不一样的自己。

一天，接到一个电话，问对方是哪里，对方说是老年协会。我正在纳闷老年协会找我干吗，对方就已经解释开了："你已经年满 60 岁了，我们邀请你加入老年协会。"我当时又好气又好笑，在电话里理直气壮地告诉他们："再等 20 年，你们再来找

我吧。”

在中国传统的观念里，年满 60，就是老人了。在跳广场舞、晨练的人群里，确实看到很多年龄并不算高，却老态呈现的“老人”了。

我认为，在中国人衰老的过程中，心先老、意识先老的人占绝大多数，很多人的心理年龄甚至远远超过了生理年龄。

一到退休，想到的首先是——我已经老了。于是后续的心理状态、生活安排，都是在“我已经老了”这个指导思想下进行的，所以退休后，很多人很快就会表现出未老先衰的状态来。

我想告诉大家的是，心年轻，人就会年轻。

在我的记忆里，我这一生中，60 岁之前没有过过生日。小时候父母忙得很，根本没有为小孩过生日的意识。后来“文化大革命”，就更不要说过生日了，那是小资产阶级意识的表现。再后来忙工作，忙事业，就更顾不上了。一晃满 60 了，朋友们搞了个聚会，应该是有生之年第一次吧。在聚会上，我告诉朋友们：“我刚满 40 岁，年轻着呢，我还要再年轻 20 年。”

最近参加一个组织活动，一群都还是 40 出头的

年轻人，身体已经出现一些变化，有人出现更年期早期征兆，有人已感觉视力出现“老花”现象，言语中能感觉到大家对身体出现的变化开始担忧和恐惧。我很诧异，无论是心理还是身体，现在的年轻人怎么这样不经老啊！

人的意识很重要，因为意识是指导人行为的。我提到“一念之差”，这个“念”就是意识里的东西。有了这一“念”，一个想法，才会有后面的行为、动作，才会有想要得到的结果。

这一“念”是消极的，出现的结果一定是负面的；这一“念”是积极的，结果才会是正能量的。

退休了，是从工作岗位上退下来，并不是从生活大舞台上退下来。相反，由于没有了工作压力、时间压力，会有更多精力和机会在生活的大舞台上去发挥和展现，活出一个不一样的自己，这在人的一生中，是一个多么难得的机会和体验啊。

一个在国企工作多年的朋友，退休了。这是一位天生就爱美的女性，她经历过那种服装全民清一色的时代。由于爱美，曾经忍受过很多委屈和打击。面对当下的大好时光，心里不服老啊。退休了，机会来了，她自己筹划干起了美容。因为自己爱美，所以有更多的爱美心得，希望去施展和传递。她精心经营了十几年，做得有滋有味。因为她经常炫耀考上重点大学的孙女，所以常有客人问她："多大年龄，孙女都上大学了？"她总是笑答："你看呢？"那种美美的自信和小得意，写在脸上，乐在心里。经营的过程中，她还结识了很多爱美的朋友，常常聚在一起，学习花艺、茶艺，已经奔七的她，一点看不出衰老的迹象，时尚、优雅依旧是她形象的主旋律。

一位早年在一起工作过的朋友，酷爱舞蹈，在单位一直是文娱活跃分子，后来随丈夫去了南京定居。退休以后，她加入了一个地方组织的舞团，释放出自己多年对舞蹈的热爱，成了舞团的主力，去各地表演，还上了央视 3 套的舞蹈专栏节目。已经奔六的她，给我发来她的近照，不用 P 图，看上去依旧年轻美貌，精气神十足。经常在微信发来她们演出的剧照，看得出她活得充实并快乐。

退休，是人生新一段的开始，我们应该满怀憧憬，满怀期望，去拥抱未来，有这样的意识和心态，去指导和安排退休后的生活，人是不会衰老的。

留住少女的心态，跟上青年人的思维，与时代节奏同步，远离衰老，活出一个不一样的自己，让自己再年轻 20 年。

第三章　人生的三个阶段

建立一个正确的理念，走进人生的第三阶段，你的人生一定会出现别样的风景和精彩。

按中国人现实的生存状态，我认为，人生应划分为三个阶段。从出生到25岁左右，是人生的第一个阶段，是人生的准备阶段。从25岁到55岁左右，是人生的第二个阶段，是人生的积累阶段。人生的第三个阶段，是55岁以后，应定义为人生的享受阶段。

人从呱呱坠地的那一刻起，就开始了人生的旅程。在人生的第一个阶段，人要学习很多知识，掌握各种技能，为后续的生存、成长打基础。

在人生的第二个阶段，人们为生存拼搏，为成长奋斗。通过打拼奋斗，积累阅历、经验、人脉、财富，完成组建家庭、生儿育女。这是人生最艰难、最辛苦，也是最重要的阶段。这一阶段的成果，关系到人生下一阶段的生活质量。在这一个阶段，很多人通过努力，有了自己的事业，收获了爱情、家庭、儿女，积累了财富，成熟了自己的思想，沉淀了更多人生的感悟。

我 40 岁以后才开始创业，走过了 20 年风风雨雨的历程，深知做企业的艰辛。在那 20 年里，企业、客户、员工就是一切，根本无暇顾及自己。从早忙到晚，空中飞人是家常便饭。其实，只要你做企业，辛苦是一定的。所以我特别理解做企业的老板，如果是女老板就更不容易了。我退下来以后，如释重负，这时才感觉到，原来生活还可以过得如此的轻松惬意，潇洒自由。这也是我写这本书的初衷之一，希望能提醒那些还在拼命忙碌的老板们，该歇下来的时候就应该歇下来，给自己一个享受人生的机会。

进入人生的第三个阶段，我把它界定为人生的享受阶段。在这一阶段，该完成的事业、该承担的责任、该积累的财富都已告一段落，人生应该进入一段最轻松、最自由、最潇洒的旅程，是享受这么多年拼搏奋斗换来的果实的时候了。

在我们老一辈的字典里，“享受”二字几乎是贬义词。他们辛苦一辈子，省吃俭用，哪怕是在当下生活水平改善了，也照样不懂得去享受生活，提高生活质量。这种观念也多多少少传给了下一代。我也看见过很多富人过着苦日子的，银行存着大把的钱，连为自己买一张健身卡都不舍得。由于受传统观念、生活习惯的影响和无形约束，很少有人认真规划过自己退休后的生活。很多人虽然有了财富积累，但并不懂得如何利用这些财富，去丰富和享受后一段人生。

在生活水平和科技水平不断提高的当下，人的寿命也在延长。据世界卫生组织 2015 年发布的报告，我国男性的人均寿命在 74 岁，女性的人均寿命在 77 岁。而在日本，女性的人均寿命更高，达 87 岁。

基于这样的统计数据，人生第三个阶段的生存时间和第二个阶段不相上下，至少也有 20 多年吧。这么长的一段人生，如何规划，怎样度过，是我们要讨论的重要话题。

春晚上一曲《时间都去哪儿了》引发了人们诸多的感慨和反思，也暴露出我国现实生活中的问题。时间匆匆而过，很多人为了生存、事业、家庭、儿女，还没有品味到生命的内涵，感受到生活的乐趣，体会到人生的意义，就已经老了，带着深深的遗憾，拖着沉重的病体走完人生。

人生本不该如此，出现这样的状况，我认为，是生活理念出现了偏差。就是这一念之差，可能我们的生命就是另外一番景象了。

在很多中国女人的价值观里，是为儿女而活的，一生为子女而忙碌，儿女成长，学习升学，工作事业，成家生子，儿女的成就就是自己的成就，儿女的快乐就是自己的快乐。

这些母亲从未认真考虑过自己的生活，自己的快乐。一旦儿女们工作、成家，离家不在身边时，就感到空虚失落，无所适从，有些人还患上了抑郁症。

有一点特别需要纠正的观念——抚养子女是责任，而不是寄托。如果把抚养子女作为自己人生的寄托，那么，就会陷入和子女相关的一切事务中不能自拔，丧失自我。而在西方人的观念里，抚养子女就是责任，他们把抚养责任和自己的生活分开，所以在教育子女、子女成人以后的选择方面和中国的传统有很大差异。

到欧美去旅游，会发现西方人活得比我们轻松、洒脱，国人总是用一种羡慕的目光仰视他们。其实这中间最大的差异不是物质水平、生活环境，而是生活理念的差异。这一念之差，生活质量和生活方式就差之甚远了。因此一曲《时间都去哪儿了》才会引发那么多国人的感慨。

在走过人生的第一阶段、第二阶段，拼搏奋斗了半辈子，一番忙碌以后，不就是希望能够享受余下的人生吗？完成了责任，卸下了重负，积累了财富，真正轻松、自由、快乐的人生享受才开始呀。

有一个朋友，一直在政府的媒体工作，写了半辈子官样文章，早已厌倦，但又不舍得机关单位的那一份稳定的收入和福利。曾下过好几次决心走出来，去干一点自己喜欢的事情，但苦于要养家，小孩要上大学，最后还是坚持到退休。终于自由了，在退休前一年，她就开始对自己退休以后的生活方式做了周密的规划。

这位朋友一生有一个最大的梦想，她认为中国太大，好山好水好地方很多，地域差异也很大，她渴望自己能背上行囊、相机，走遍中国有特色的地区，用自己的眼睛去看最真实最生动的民俗民风，用相机捕捉最真实最有趣的风景画面，用笔记录下最真实最感人的草根故事，用心感受最真实最原味的人情世故。

可能是多年从事媒体采编工作，但又无法表达自我内心感受留下的遗憾，她希望还原真实。

退休后，她与丈夫、儿子沟通好自己的规划，得到他们一致的支持，她非常欣慰。很快，她准备好旅行需要的装备出发了，朝自己的梦想、人生的下一段旅程出发了。

我时不时会收到她发来的微信，有诗情画意的美丽风景，有充满人文气息的民俗风情，有原汁原味的乡土美食，更有她一段段充满激情、感悟的精彩文章，从中能深深感受得到她那种梦想照进现实的喜悦和满足。

建立一个正确的理念走进人生的第三阶段，你的人生一定会出现别样的风景和精彩。

后面的章节，会告诉你如何去规划第三阶段人生，如何去享受第三阶段人生；在进入第三阶段人生时，需要准备什么，注意什么，做到什么，才能过上我们想要的生活，做自己想做的事情，轻松、潇洒、优雅、快乐地走过人生后面的旅程。

第四章　投资与消费

在人生的第三阶段，时间、精力、人脉和财富是消费品，可以换来的是尊严、自由、健康、有乐趣且有意义的生活。

投资和消费都是把钱拿出去，或是把精力和时间花出去，但这两者之间有什么区别呢？讲到这一点，是希望朋友们搞清楚这两个概念的具体内容，这更有利于我们在不同的人生阶段，做应该做的事情。

投资的目的是得到回报，这个回报或许是财富的增长，资金的保值增值，或许是知识经验人脉的积累。我们投资股市、房市、外汇或其他任何项目，是希望投入的资金在后续有利润的回报。我们投入精力时间学习、创业、职场拼搏，也是为了积累经验提升自我，获得更大的发展空间，获得更多的财富。在几十年的职业生涯里，或创业过程中，我们都不断地在做这样的投资。

而消费的目的是通过金钱、时间、精力的交换，获得各种享受，有精神的，有物质的。买房、买车、买奢侈品、买时装、买书、买保健品，听音乐会、看比赛、买服务都是消费，目的是满足生活、心理的各种需求。购买健身卡，再花上时间和精力换来好身材，健康体魄，也是消费。吃货们不断地寻找所爱，不惜一切代价满足嘴和胃的需要，也是消费。

对于平常人来讲，投资的最终目的是把投资的成果用于消费，投资成果越好，消费就越有选择权，越随心自由。

在人生的第一、第二阶段，时间、精力、金钱是投资品，换来的是知识、经验、人脉和财富的积累。特别是在人生的第二阶段，规划越好，方向正确，通过奋斗拼搏，不论是人生感悟、生活智慧、朋友圈，

还是财富，都为自己人生的第三阶段积累了足够可以消费的资本。

在人生的第三阶段，时间、精力、人脉和财富是消费品，可以换来的是尊严、自由、健康、有乐趣且有意义的生活。在退下职场，完成责任，卸下重担以后，可以尽兴地享受人生最惬意、最美好的一段时光。

生活有保障是基本底线，而过得有品位、有品质又是另外一个标准。我们很多朋友在所谓养老消费问题上，多半还停留在传统观念的基本保障层次。

我的健康顾问给我讲了这样一个真实的故事：她参加了一场晚宴，是一位成功老板的60岁生日，在场的也都是做生意成功的老板。晚宴上，山珍海味，美酒佳肴，样样俱全，一晚上的消费在几万以上。这位健康顾问看到他们这样胡吃海喝，非常担忧老板们的健康状况。晚宴结束后，健康顾问抽空来到这位寿星身边，轻轻地问他："近期做过全面体检吗？"老板大声回答："咱身体好得很，哪会去花那种闲钱。"后来这位寿星老板，不到半年的时间就因为肝硬化住进了医院。健康顾问告诉我，在很多生意成功的老板中，健康意识薄弱，不舍得在健康上消费的人太多了。

在奔五奔六的朋友中，确实还有很多观念落伍的人。守着多年投资的积累，却过着苦苦的日子，不舍得在自己身上消费。

在居住小区的电梯里经常遇到一位很知性的女士，平日里也就点点头问候一下，时间久了聊几句也还投缘。一天她电话约我，到小区对面的咖啡厅坐一坐，聊起来才知道她内心的苦闷。她刚从很好的国企退下来，女儿大学毕业后就留在北京工作了，老公还在上班，平日里她一人在家，不打牌不逛街，每日感觉时间难以打发，人也很快懒散下来。更糟糕的是，她不舍得在自己身上花钱。她这样告诉我：每每在电梯里相遇，看到我时尚漂亮的外表，精气神十足的样子，心里特别羡慕，恐惧自己会很快老去，就下决心和我交流一下，看能否学习到什么经验，改变一下自己的现状。我们聊得还不错，从女人的消费观念、穿衣打扮、健身保养，聊到如何规划好后面的人生。我告诉她："拥有财富要会运用财富，财富会让我们更有尊严，更有自信，更有自由，更有选择权。你还这么年轻，一定要舍得在自己身上消费，让自己的内心充实，外表美丽，这样的女人才会保持年轻，充满活力。"

我其实最不爱听"养老"这个词，它首先会让人感觉到一种消极的心理暗示，退休是因为"老"了。

贴上这样的标签，让人在面临退休时，心理状态就老了：不中用了，力不从心了……而不是面对几十年劳累辛苦、奋斗拼搏后，可以轻松、自由选择新生活的积极心态。

前者是一种消极的心理暗示，后者是一种积极的心理暗示。

如果是后一种积极的心态，退休后感到的不是老了，而是要努力让自己打起精神，信心百倍地去规划下一段人生。整理好前面投资的积累，不只是金钱，还有人生的感悟、生活的智慧，有共同兴趣爱好的朋友，等等，利用这些资源，去重塑一个不一样的自己，规划一种不一样的生活方式，去实现自己心底里埋藏多年的未实现的梦想，去过一段自己最想要的人生，这是多么令人欢欣鼓舞的事情呀！在这样的状态下，会想到老吗？绝对不会！

有这样一对60后的夫妻。20世纪90年代来到广州打拼，做童装批发，一直做得不错，积累了一定的财富。2008年劳动合同法颁布以后，夫妻俩感觉到了经营形势的变化、劳资关系的压力，就开始有了退出江湖的想法。这对夫妻非常理性，知道他们自己的强弱项，这么多年辛苦积累的财富，不能再赔掉。于是，他们开始策划退出的方式，更重要的是，他们对退出以后的未来进行了非常认真的规划。

其实这对夫妻真正热爱的是烹饪美食，特别是老公，讲起美食那是滔滔不绝，口吐莲花。这么多年在广州这座大都市拼搏，他们厌倦了那种快节奏的城市生活，希望以后能够去一个宁静的地方，去实现自己的烹饪美食梦想，过一段他们自己想要的生活。

通过半年多的寻找和筹备，他们找到了云南一处交通比较便利的山区，买下了一处农家的小院，开了一家名为“山野美味”的小餐馆，也安下了他们的新家。在那片山野之地，他们如鱼得水，山上到处有美食原料，又丰富又新鲜，菌菇、竹笋、野菜，还有一些当地特有的食材，而且成本极低。他们充分施展自己对美食烹饪的理解和技能，设计出各种色香味美的佳肴。春夏秋冬各有不同的菜品，吸引各方美食家慕名而来，为他们的小店平添了无数的乐趣。因为来者都有共同的爱好，所以除了品尝美食，还有聊不完的美食佳话。

夫妻俩在筹划这件事时就有约在先，投资这家小店，不为赚钱，只为兴趣、梦想而为之。因为他们在广州打拼20年，已有足够的财富积累，他们更需要的是享受自己创新的喜悦，实现自己的人生梦想，过一段自己满意的生活。他们的确做到了。

我特意去看望他们俩，还在大门外，女主人就小跑出来抱住我，在我耳边轻轻说："亲爱的，太棒了！"我感受得到她那种内心盈溢出来的幸福和满足。我环顾了一下小店内外，一张张粗犷的桌椅，一个个精美的挂饰，浓郁的地域风情，味道，有味道！从中我看到了女主人的用心和品位。晚间品尝了她老公烹饪的美食，从餐具到佳肴，既饱了眼福又饱了口福。看得出这对夫妻的投入和默契。

听着夫妻俩讲述他们的故事，我突然有一种强烈的感受：夫妻俩前 20 年经营的是生意，积累的是财富人脉，当下的他们正经营着梦想，享受着快乐、满足和幸福。感慨之余，更让人佩服他们的勇气、远见和对自我内心的那一份尊重。

在中国，目前面临巨大养老压力的情况下，更应该提倡改变传统的观念，最大限度地发挥人的主观能动性，调动人积极乐观的潜在动能，以一种全新的观念迎接人生的第三阶段。

第二篇

衰老没有想象的那么可怕

衰老之所以可怕，是因为我们看到了太多衰老之后的容颜减退、身体衰落、晚景凄凉，以为我们自己以后也将是这样。如果我们跳出这个固有观念呢？我偏要美美地、充满活力地面对时间，你能拿我怎样？

第五章　击碎对衰老的传统观念

我们面临一个多元的时代，开放的时代，包容的时代，在这样的时代大背景下，很多观念都在悄然发生变化。如果我们再把自己禁锢起来，到告别这个世界时，留下的就真的只有遗憾了。

提及衰老，我们的大脑里会出现这样的画面：白发苍苍，满脸布满皱纹，弯腰驼背，步履蹒跚。这好像是我们爷爷奶奶的形象吧。而在现实生活中，很多女人在退休后不久就会多少出现这些衰老的迹象。

究其原因是传统的观念在作祟。

由于我们的爷爷奶奶辈、爸爸妈妈辈留下的生活模式，让人们很难去突破。退下来了吧，接着带孙子吧，为儿女做家务吧，闲下来时跳跳广场舞、打打麻将牌，就是最好的休闲方式了，在不知不觉中消耗掉了余下的生命。

还有一些人从重要岗位，从自己经营的企业退下来后，心理会产生强烈的失落感，没有了寄托，对于大把的时间不知道如何去打发。再加上女人在这个阶段刚好遇到更年期，几个原因一叠加，就是雪上加霜，有些人很快就患上更年期综合征或抑郁症。

辛辛苦苦干了这么多年，这来之不易的退休生活，该怎样规划才能过得更有价值，更有利于自己的身心健康，自己还有什么人生梦想需要去实现，还有什么兴趣爱好可以好好发挥，还有什么人生遗憾需要去弥补，等等，这些都是在这一阶段人生中需要去认真思考和实现的。

我从小爱好舞蹈，但由于生不逢时，那时的父母都要去干革命，根本没时间顾及儿女。我从小学就开始住校，学校有一个演出队，每年六一儿童节都会参加学区汇演。由于种种原因，我不能加入，但我内心却非常向往，每逢演出，我都会悄悄尾随，有时可以在边上看一下，有时就只能在礼堂外等候，但心一直都在那些音乐声中。这是年幼时留下的情结。长大后虽也有一些学习表演的机会，但始终未能完成这个心愿。退下来后，在做第三阶段人生规划时，完成这个心愿被我排到了第一位。

因为年龄大了，腿脚毕竟没有年轻时那样柔软，所以刚开始舞蹈时觉得手脚都不听使唤。但因为浓浓的兴趣，一直都在关注舞蹈，所以明白，要跳好舞蹈，基本功是很重要的。既然是重拾梦想，那就得为之付出啊。所以我下决心要练好基本功。

在一些人看来，都一把年纪了还练什么基本功啊。但因为是自己的兴趣爱好，又是几十年的心愿，所以吃点苦流点汗是不怕的。在这个过程中，我发现人的潜能真的很大。坚持训练一段时间后，我发现想象中做不到的事情，却成为现实。腰活了，腿灵了，跳起舞来就顺多了，表现力也更强了。看着镜子里沉浸在舞蹈中的自己，那种满足感油然而生。

由于爷爷奶奶辈、爸爸妈妈辈传承下来的很多观念，会潜移默化到我们的意识中，所以我们会在不知不觉中沿袭老一辈的生活方式。但我们眼前的时代，和上辈人所处的时代迥然不同，像我母亲一样，即使内心有梦想，但有太多的客观条件限制，无法去实现了。而我们则有更多的机会和选择。

我在欧洲旅游时，在一个小镇公园旁的网球场，看到一对夫妻，从面容上看有 60 出头吧。他俩全身武装，穿着白色的网球服，打起球来动作熟练敏捷，从他们运动的姿态上，根本感觉不到他们的年龄。我完全被他们的活力生气所感染。休息时，两人坐在长椅上聊天，传递出的那份淡定优雅，真让人羡慕啊。

在欧洲旅游，各国之间没有边境，沿着公路，就可以从一国到另一国。高速沿途，都能看到开着车或拖着房车，车顶上还架着自行车的旅行者。

有一次在旅途中，看到一辆车和我乘坐的大巴并行，车顶上架着两辆自行车，车内坐着一男一女，两位应该算是老人了吧。男士开车，女士坐副驾驶位，一头白发，化了妆，身着一身红花休闲服，优雅贵气（因欧洲车是不贴膜的，所以看得很清楚）。

在欧美，人们外出旅行，大多会带着自行车，拖着房车，到了风景宜人的地方停下，骑着自行车去乡间或湖边，既看了风景，放松了心情，又锻炼了身体，不用找宾馆，吃住都在房车里解决。这是一种非常好的休闲方式。在欧洲的公路旁随处都可看到这样的情景。

而在中国，这样的情景很难看到，我认为不是在国内做不到，而是想不到，是观念有障碍。其实只要冲破了观念的束缚，人的很多可能是可以释放出来的。

我们现在面临一个多元的时代，开放的时代，包容的时代，在这样的时代大背景下，很多观念都在悄然发生变化。如果我们再把自己禁锢起来，到告别这个世界时，留下的就真的只有遗憾了。

我们要击碎传统观念对人们心灵的束缚，敢于去学习和创造，寻找到自己最喜欢的活法，大胆地去实现。

第六章　面对衰老，不同的态度不同的结果

女人永远都不要认为自己老了，自己都认为自己老了，那才是真的老了。

时间都去哪儿啦，还没好好看你，就老了……讲的就是大多数中国女人的故事。一生中，为了生存，为了工作，为了儿女，为了维持家庭，几乎没有自我，等到完成责任，卸下重担时，自己也老了。我的朋友中也有这样的人，她们并不心甘情愿这样就老了，但

也只有抱怨而已，并不懂得如何来改变这一切。

在一档脱口秀节目中，我听到这样一个真实的故事。一对德国的夫妻，平时感情还不错，男的工作挣钱养家，女人负责家务抚养教育子女。外人看来这是很幸福和谐的一家。有一天突然传来消息，这对年过六十的夫妻离婚了。朋友们都备感惊讶，问其缘由，原来是他们的子女都长大成人了，有了自己的事业家庭，这个女人感觉自己的责任已经完成，接下来，她更希望能找回自我，满足自己多年的心愿，背上行囊，周游世界，于是她和丈夫协商好，做出了这样的决定并付诸行动。

听了这个故事我非常感动，女人，过了花甲之年，能为自己活一次需要何等的勇气。我并不主张用离婚这样极端的方式，但这样的选择是非常让人敬佩的。这位德国女人，用一种积极的人生态度，推迟了但终究选择了用后一段生命，去实现自己的人生梦想。

我也有这样一位中国朋友，一生为了儿女操劳，完全忽略了自我的感受，为儿女、为家庭奉献了自己的青春，牺牲了自己的一切兴趣爱好。不久前几个朋友相聚，我看到她衰老的容颜，瘦弱的身躯，备感心疼，与她的年龄不符呀。聊起天来，才了解到，其实她内心也不甘，抱怨自己年轻时非常喜爱穿着打扮，特别酷爱各种首饰，但遗憾的是，她这一生都未能戴上自己喜爱的首饰，这样的爱好只能永远地藏在心底里。这是女人的悲哀呀！

这两个故事，说明两种不同的人生态度，也就有了两个不同的结果。

女人的内心深处都藏着自己本能的需求，有已经满足的，也有未曾实现的。其实很多女人的内心，都住着一个小女孩，在有合适的机会时她就会悄悄跑出来，有时连我们自己都惊讶——怎么会有这样童真的想法呢？我自己就有这样的体会，逛街时，看到一套自己很心仪的时装，明明知道不合适现在的自己穿着，但最终还是买了下来。虽然永远都不会穿出来，但心里会美很久，时不时会拿出来试穿一下，自我欣赏，那种美美的感受只有自己能体会到。

女人永远都不要认为自己老了，自己都认为自己老了，那才是真的老了。

我小时候就喜欢著名舞蹈家陈爱莲的舞蹈。77岁的她，至今还活跃在各个舞台上。办舞蹈学校，参加各种社团公益活动。她总是这样介绍自己：我是一位年轻的老人。前不久在电视节目中看到她，头上还

别了一枚小蝴蝶发卡呢。

其实这就是一种积极的人生态度。为什么老了，是因为你心里的那个小女孩跑掉了。

有科学证明，人的心理活动和精神状态左右着我们的自律神经，当感到紧张、恐惧、焦虑等精神压力时，交感神经会启动，收缩血管，血流变慢，血液阻滞，对人体健康非常不利。相反，感到开心、轻松、爽快时，副交感神经启动，血管舒张，血流顺畅，有益于人的身心健康。所以积极的人生态度，会让人保持年轻和健康。很多朋友都问过我一个同样的问题：你是怎样保养的？其实，女人保持年轻，积极的人生态度远比任何美容产品的功效大得多。

人生态度，决定着一个女人的生活状态、精神面貌，也决定着一个女人的未来。

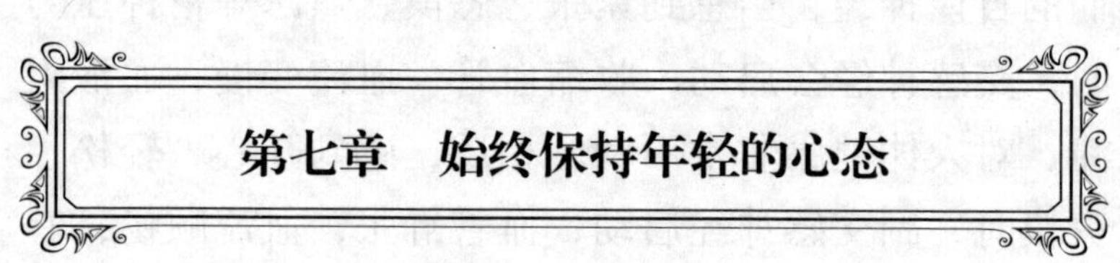

第七章　始终保持年轻的心态

有一句俗语叫“拽着青春不放”，很经典的一句话。你不拽住青春，把青春放跑了，那人肯定就老了。

心年轻，人就年轻。有一句俗语叫"拽着青春不放”，很经典的一句话。你不拽住青春，把青春放跑了，那人肯定就老了。所谓拽住青春，就是指心态要年轻，永远不服老，不断告诉自己，我还年轻，我要远离衰老，让那个小女孩永远住在心里。

人终归是会老去的，头发会花白，容颜会变老，身体机能会衰退，但只要保持年轻的心态，在同龄人当中，肯定会更显年轻，这是不争的事实。

影视明星刘晓庆是大家都很熟悉的，她已奔七，但看上去才奔四吧。《上海滩》的女主角扮演者赵雅芝也奔七了，但看上去还是那么优雅、漂亮。作为影视女明星，由于职业的缘故，她们是非常注重延缓衰老的。

我看过刘晓庆做嘉宾的综艺节目，她说话的声音语调都还保持着那种女生的状态，服饰也是青春路线，这就表明她心中的小女孩还在，心还很年轻，因此外表才年轻。

女人的脑子里经常会出现一些不切实际的画面，站在大大的舞台上表演，穿上漂亮的婚纱漫步海边，穿着优雅的晚装出席宴会，憧憬遇到一位心仪的白马王子。这些都是因为你心中的小女孩还在，她会让你始终保持一颗年轻的心。

中国有句很经典的老话：面由心生。其实是很有道理的。

有些人会觉得，自己都一把年纪了，怎么会产生这些不切实际的想法，因此会有意阻止这些想法的出现，让自己完全活在现实里，顺应现实。赶走了心中的小女孩，这样的人，很快就衰老了。

我前面说过，人老心先老，心里认为自己老了，那整个人很快就衰老了。

心态的年轻，会促使对自己的要求不一样，关注的事物、交往的朋友、从事的活动、行为举止、外在形象，等等，都会有年轻化的要求。这样就能让自己从里到外，看起来比同龄人年轻很多，妈妈和女儿就像姐妹而不是母女。这样的例子在生活中很多。这样的形象出现，会得到很多人的羡慕和赞美，反馈回来的信息，会让自己更自信，更有光彩。

我的朋友圈里有这样一位女人，已经奔六了，但看到她的人都认为她只有奔四的年龄。和女儿合照，没人会认为她是母亲。她经常在朋友圈秀和女儿的合照。这是一种良性循环，大家越这样夸奖，她就越会努力去保持这样的状态。在她心里自己就只有40岁。她年轻时就爱美，一直保持到现在，看到她的时候，总是想把目光停留在她身上。容颜身材保持得那么好，服饰气质总是那么和谐。最近聚会时听说在学钢琴，也是圆儿时的梦想吧。

我们处在一个高速发展的时代，高科技，信息化，各种事物日新月异，在熟悉的环境里会不断出现新生事物。保持年轻的心态有一点很重要，不要被这个时代边缘化，要像年轻人一样，始终保持一颗好奇心，关注新事物，学习新事物，参与新事物。“那些是年轻人的事”这种思想特别危险，把自己划到外围，慢慢人就退化了，真的就老了。

我母亲虽然80多岁，但由于性格好强，不甘落伍，所以什么都想学，手机微信，手机自拍，电脑游戏。同龄的老太太们都很羡慕她，她也很有自豪感。我母亲很想学开车，但因为年龄考不了驾照，不然她还真要考。

始终保持一颗好奇心、好学心，对于延缓衰老是很重要的。

美国老太太罗丝，是一位乐观幽默、豁达开朗的年轻老人。她一直有一个梦想，就是希望接受大学教育。在她87岁那年，她的梦想终于实现了。开学第一天，每位同学要主动结交一位新朋友。罗丝拍拍前排的帅哥肩膀，微笑着说：“帅哥，我叫罗丝，今年87岁，我能抱抱你吗？”得到同意后，罗丝把帅哥抱了个满怀。一年下来，罗丝成了校园里鼎鼎大名的人物，无论走到哪里，她总是能结交到新朋友，她经常打扮得漂漂亮亮的，陶醉在同学们的赞美和关心之中。学期结束时，罗丝在晚宴上发表演讲时这样说道：“我们不是因为年老而停止玩乐，我们是因为停止玩乐才会变老。”

依现在统计的中国人平均寿命，60岁的年龄不应该划归老龄。随着时代的进步，医学科技的发展，生活方式的改变，自我保养有方，60岁应该算人生的第二个春天开始吧。在这个阶段，没有了生存压力，完成了责任义务，只要调整好自己的心态，生命一定会像罗丝那样，绽放出别样的精彩。

第八章　找到新的心理平衡点

找到了新的心理需求，这就是砝码，放到了心理失衡的另一端，就找到了新的心理平衡点，人就会重新获得希望和动力。

人在失去一些东西，或想得到而得不到某种需要的时候，就会出现心理上的落差，导致心理失衡。

人处在心理不平衡的状态下，就会发生情感变化，因而产生不良情绪。

当下社会，由于社会关系变得越来越复杂，各类矛盾快速交织激化，所以我们会经常听到一些骇人听闻的刑事案件。闹了两年多的校园投毒案，就是一个最典型的案例，由于心理不平衡而用极端残忍的手段施暴，结果断送了两个年轻的生命。

我们最熟悉的一句流行语——羡慕嫉妒恨，就表达了女人之间最突出、最复杂，也是最有害的一种不良情绪。处理不好这种情绪，人就会郁闷、焦虑、愤怒，最后可能冲动，造成不可挽回的后果。也有人郁闷、焦虑、纠结以后，产生极度自卑，一蹶不振，终身一事无成。

造成心理不平衡的因素很多，在奔五奔六的女人中，最容易出现的因素有以下几个：第一，退休以后的心理落差。特别是从老板、领导等有地位有身份的岗位上退下来，会感到很大的失落感。第二，随着年龄的增长，容颜身材上的变化，会引发内心的沮丧，产生失落感。第三，由于精力不如从前，想达到原来的状态，又力不从心时，也会产生失落感。

其实，在奔五奔六的路上出现上述情形，产生心理失落感是正常的反应，人在面对一些大的变化时，都会产生不同程度的心理失衡。关键在于，如何去对待和处理好这种心理落差，找到新的心理平衡点。

我认为，首要的一点是要有充分的心理准备，有备才无患。提前知道在退休以后，随着年龄的增长，会出现哪些心理和身体的变化，可以应对的办法是什么，才能胸有成竹地去面对。写这本书的目的也在于此，希望帮助朋友们提前了解一些相关的常识和解决方法，才不会懵懵懂懂走到那一步时，出现意外的结果，付出不必要的代价。

有些朋友可能认为这有点多此一举，退休了，人老了，是顺理成章的事，不需要什么准备。这样想的人其实很多，很多人就是这样浑浑噩噩过了一辈子，没有感受到生命的价值，没有去珍惜生活中的每一次机会。

我们提前预知将要发生的变化，对其有充分的心理准备、知识准备，提前规划好不容易来到的，盼望已久的退休生活，想到接下来终于有机会去完成自己深藏在心里的梦想，去实现自己的兴趣爱好，去弥补留下的遗憾。找到了新的心理需求，这就是砝码，放到了心理失衡的另一端，就找到了新的心理平衡点，人就会重新获得希望和动力。

其实人的一生会经历很多次这样的选择，在我们年轻的时候可以很理性地去选择，而在我们的意识和习惯层面，往往会忽略退休以后的心理平衡需要。

第十六章的故事里要讲到的那一对台湾夫妻，退休以后选择了喜爱的户外鸟类摄影，全世界到处跑，不了解的人感觉他们很辛苦，但他们却乐在其中。他们不会有心理落差，只有源源不断的下一个目标和成就感，这也是人生的意义所在。

退休以后的妈妈，有机会实现自己多年的舞蹈梦想，在舞台上尽情地展现自己美丽的舞姿，那份自信、满足感，就是新的平衡点。

我的一位上海的朋友，退休前在单位做的是类似工会、后勤保障工作，擅长组织员工群众活动。退休以后，她和老公都闲在家里。她老公很细心，很会做饭，这样我这个朋友更闲了。但她不想浪费生命，所以积极地寻找各种可以让自己发挥特长的机会。很快她在街道居委会找到了一份适合的工作，干得顺风顺水。每次通电话，都能感受到她那一份自信和成就感。这也是新的心理平衡点，既帮助了别人，也充实了自己，让自己生命价值得到最大的体现。

在第六章里提到的著名舞蹈表演艺术家陈爱莲，央视 3 套节目曾对她进行了专访。年近八旬的陈老师，站在舞台上还是那么神采奕奕，优雅美丽。在她离开自己心爱的大舞台时，一定也有些许的失落感。但现在的她，仍然活跃在社会的大舞台上，称自己是年轻的老人。她创办的舞蹈学校，在贵州等边远山区挑选有舞蹈天赋和梦想的儿童，到她北京的舞蹈学校培训，悉心培育下一代的舞蹈人才。她还参加中国对外文化交流活动，指导夕阳红舞蹈团的学员们学习舞蹈，对自己热爱的舞蹈事业的热情不减当年。陈老师每天还坚持练功两个小时。她还总结了一套自己保健养生的方法传授给大家。陈老师对生命价值的珍惜，对人生意义的诠释值得我们借鉴学习。

这里要强调一点，在退休以后，选择自己新的生活方式的时候，不能盲目照搬别人的方式。因为每个人对生活的诉求以及自身条件、兴趣爱好、追求的价值都会不同。在这一点上，一定要尊重自己的内心，真正设计好符合自己需求的退休生活。

退休以后的生活，可以是冬天，也可以是春天，关键在于自己的选择。

第九章　爱美的女人永远年轻

爱美是女人一生的追求，和年龄无关，不同阶段可以表现出不同的美。

只有懒女人，没有丑女人，这句话大家都听过吧。事实也确实如此。我们的相貌、身高是爹妈给的，无法选择，但我们可以选择后天如何来打理，让自己的容颜、身材看起来更美，更协调，更有光彩，这一点与先天的长相无关。

大多数女人的自信心都来自于自己的外在形象，不然为什么女人总是爱“臭美”呢。女人一生中在自己的容颜上、身材上会花很多的时间、精力和金钱。这也是对的，女人本来就应该是一道风景线，这是对社会极大的贡献。但我更强调女人“臭美”首先是满足自我的需要，自我欣赏，自我满足。这对一个女人来讲非常重要，它是女人自信的来源。

我从小就爱美，只是那个年代根本无法满足爱美的心愿，但这粒种子却伴随我一路走来。记得上初中的时候，少女开始发育，我关注到自己身材的变化，便产生一种强烈的愿望，想用服装把自己的身体线条表现出来。那个年代，除了过年可能有一身新衣外，平时的穿着都是很朴素的，所以不可能有一件合体的衣服。我在家找到了一件母亲洗得发白的、蓝色卡其布列宁装（那个年代算时髦的了），自己动手，把它拆开，按自己的想象修改胸线和腰线，然后翻一面（反面颜色没有洗白），重新缝合，完成了一件翻新的合体的列宁装。穿上这件衣服去学校，受到了班上女生们的一致赞美，男生们也投来好奇的眼光。那是我第一次尝试“臭美”得到的回馈。

后面一发不可收，爱美之心步步升级。“文革”后，可以烫发了，为了美，把头发烫卷更时髦。那个年代想去理发店烫发，得从早上 9 点理发店开门就去排队，等到弄好头发出来，已是天黑了。理发店里天天排着长龙的队伍，等着烫发。虽然辛苦，但为了美也在所不辞，那股劲现在想想也觉得好笑。

后来有条件了就更“臭美”了，自己会做时装了，想怎么弄就怎么弄，搞得一个公司的女生们羡慕嫉妒恨呀。再后来自己干脆出来做企业经营服装，做得风生水起，不仅自己美，也希望所有女人都美起来。其实这和自己从小种在心里的那粒爱美的种子有关。

爱美的女人一定显得年轻，因为爱美会减龄。这么多年来我一直坚持化妆，因为我确信化妆后的自己更美。化妆已是我生活的一部分了。我看到很多女人，也知道化妆后的自己更美，但不能坚持，今天心情好，有约会化一下，明天又素面一张。这样虽也没什么不好，但我还是告诉奔五奔六的朋友，有条件一定要坚持化妆，我们有大把的时间，为什么不把自己弄得美一些呢，这样既利人又利己呀。听到不断的赞美会增强自信的。我每每逛街，收获最多的就是一句赞美“你气质真好啊”。在这样的氛围下，人能不自信吗？

我有一个朋友，刚刚奔五。老公在外开公司，我朋友帮忙打理财务。可能是快到更年期了，她总感觉身体有点跟不上，就退出公司，在家调理身体。一年过去，见到她时，我吓了一跳，怎么会变化这么大，才一年不见呀！毫不夸张地说，此时的她虚胖、散漫，黄黄的脸没有一点生气。我心里纳闷了，一年的时间可以把人变成这样，原来那个自信活力的女人去哪儿了？言语之间才知道，家庭发生变故，老公出轨。我后来告诉她，老公出轨，你也在自己身上找找原因吧。男人都是爱美女的。

男人和女人有很大的区别，年龄再大的男人都欣赏年轻貌美的女子，只要有漂亮性感的女子路过，男人们都会不自觉地行注目礼。这个无可厚非，可能是男人的天性吧。关键在于女人要了解男人的天性，不要企图去改变男人、管住男人，那都是徒劳，智慧的女人会在自己身上下功夫。如果你很在乎你的老公、你的家，那就做一个智慧的女人、爱美的女人，在自己身上下功夫，让你的老公感受到，你始终是那位年轻美丽的女神，只是不同阶段，美丽的内涵有所变化而已。

很多奔五奔六的朋友，也很爱美，但缺乏一点相对专业的知识。因为我应该算一直从事美的事业，所以相对专业些。其实要美并不复杂，最主要的是要抓住自己的特点、容貌、气质、身材，做整体的设计，适合什么样风格的装扮，协调就是美。不是要多么复杂的元素搭配，什么名牌，发型、妆容、服饰协调一致最重要。选择服装时，要比自己的真实年龄下一个年龄档，大胆地穿出来。

特别强调在家里，居家服也一定要讲究。我见过有些朋友，出门时花枝招展，一回到家，换上一身不得体的居家服马上变成一个“煮妇”。不重视在家的形象，这是一个致命的错误，一定要纠正。在家也要有魅力，表现出不同的美。和老公出门逛街是一个美貌女子，回家马上变成“煮妇”，让老公怎么受得了，自己的感受也不好啊。智慧爱美的女人连睡衣都要讲究，不管是老公的欣赏还是自我“臭美”，那都是很享受的。

中国的女性应该向西方的女性学习，冲破一些传统的观念，不要认为爱美是年轻人的事，年龄大了，就有心也没胆了，一眼看去，小孩就叫奶奶了。欧洲女性的观念是越老越要打扮。缺少了年轻时的青春自然美，更要用色彩、服饰加以修饰和补充，加之岁月的沉淀，更懂得美的内涵，表现出更成熟、更有韵味的美。比较一下《上海滩》女主角赵雅芝年轻时和现在的形象，我更喜欢现在的赵雅芝，一颦一笑、举手投足间的那份自信，那份优雅，让人羡慕不已。

爱美是女人一生的追求，和年龄无关，不同阶段可以表现出不同的美。

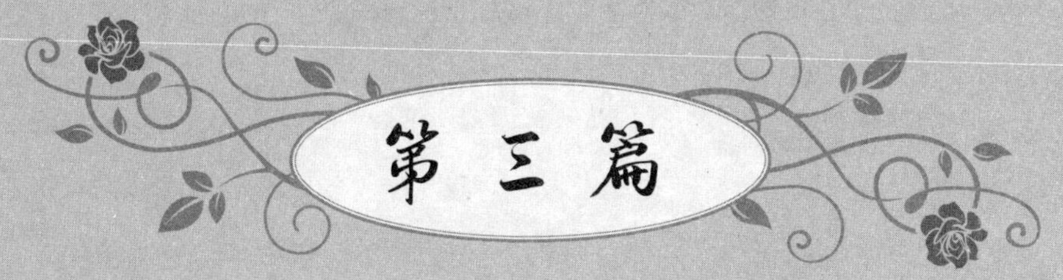

自我保健，让身体的时钟就此定格

身体如同一台精密的机器，有些部位长时间不动就会生锈，有些部位长时间使用就会损耗。有针对性地锻炼与保养，就能让你的身体永远保持最理想的状态。

第十章 关注更年期

更年期是女人的一道坎，能否顺利通过，与人的心理有很大关系。应提前具备一定的常识，有了前期征兆时，不用紧张，放松心情，积极应对。

许多女人对更年期只有一知半解的模糊认识，对于医学上、心理上的常识知之更少。

更年期的到来，就如同女人第一次月经初潮一样，只要是女人都会经历。如果在心理上和保养上有所准备，延缓更年期的到来，顺利度过更年期，是完全可以期待的。特别是延缓更年期的到来，对于女人保持年轻心态和身心健康都是非常重要的。

女人的更年期，首先是从卵巢机能衰退开始，打破了身体里内分泌的平衡，造成一系列紊乱现象。如果缺乏这方面的常识，在出现更年期征兆时没有心理准备，就不知道如何应对了。

出现哪些征兆，是可以通过自我调节解决的。一旦出现一些严重的症状，是必须看医生的，这些基本常识必须具备。

我的一个朋友，45 岁就停经了。由于缺乏这方面常识，开始还挺高兴的，“倒霉事”终于结束了。但接下来就没这么幸运了。再后的两年，身体不断折腾，经常潮热满脸通红，一身大汗，脱掉衣服又感冒了，一天反反复复；失眠加重，心情郁闷，脾气急躁，一点小事就发火。家里人都纳闷了，这人以前性格很温和的，怎么一下变得不可理喻了。弄得一家人都乱套了，老公不知所措，儿子也以为妈妈真的老了。后来得知更年期的一些信息，才让她尽快去了医院。经医生检查，确诊是更年期综合征。通过体检后，医生给她补充了雌激素，很快症状就调整过来了。人又恢复了以往的性格，潮热大汗、烦躁失眠都消失了，一度出现的皮肤干燥也得到了改善。

事实上，从45岁左右，女人就进入了更年前期，卵巢机能逐渐下降，雌激素分泌减少，皮肤的含水量也随之递减，皱纹慢慢出现，皮肤失去以往的光泽和弹性。在50岁之前，与男性相比，女性患心脑血管疾病的机会要少，这是因为雌激素的存在，维护了血管的柔软，血管不易硬化。但雌激素逐渐消失之后，女性患这类疾病的概率就增加了，同时，骨量下降，骨质疏松开始出现。女人大多数腰酸腿痛，都是因为骨质疏松引发的。

更年期来临前后，最常见的变化，就是脸面一阵阵轰热潮红，情绪易激动，不能控制。因人而异，有些人的症状会轻，有些人的症状会严重，甚至出现更年期综合征。

症状轻者，通过自我调理，自我疏导，保持积极向上的心态，乐观的情绪，参加喜爱的兴趣活动，转移分散注意力，加上适当的保健养身方法，就可以顺利度过。

严重者，出现一些自己无法承受的症状，就像上面讲到的朋友，出现潮热出汗、情绪难以控制、头晕失眠等症状时，就必须找医生来解决了。

需要告诉朋友们，随着医学的发展，可以通过适合自己的方法来推迟更年期，减轻更年期症状，保护身体脏器功能，延缓衰退。但这些方法一定要去正规的医院，在通过一系列专业的身体检查后，在医生的指导下进行。补充雌激素是方法之一，这时补充的雌激素的量是很微小的，只起到最低量保护的作用，和以前卵巢正常产生的雌激素量是不能相比的。但就是补充的微小量的雌激素，也能保护很多脏器、黏膜组织、血管、骨骼、神经系统，不至于快速衰老。

补充雌激素的时机很重要，医学上有一个定义，在闭经开始的十年内，叫十年窗口期。在这个时间内，补充越早，对防止身体各脏器的衰退越有好处。

由于雌激素是人体很多器官保持正常功能的必需品，随着更年期的到来，卵巢功能减退，雌激素快速下降，会造成皮肤、黏膜、血管、骨骼等的变化，补充雌激素就是要减缓这些器官的衰退，防止很多病变的发生。

在补充雌激素这个问题上，很多朋友会有顾虑，也曾听到一些传言。的确不是每个人都适合补充雌激素的，是否适合，一定要到医院找专业的医生来判断，理性来对待。如果有朋友不适合补充雌激素，还可以采取中医调理的方式解决。关键是要提前有这个意识和相关常识，知道身体在什么时候会发生变化，加以防范。

更年期是女人的一道坎，能否顺利通过，与人的心理也有很大关系。提前具备一定的常识，有了前期征兆时，不用紧张，放松心情，积极应对。可以到正规医院妇科咨询，是否需要采取措施。特别是爱美、想拽住青春不放的朋友，一定不能掉以轻心。在这一点上，我自己有很深的体会，所以希望能帮助到大家。

很多女人认为，女人的子宫最重要，其实不然，子宫只是女人生育子女时，胎儿住的一个房子。而卵巢才是塑造女性特征的重要器官。女人美丽的容颜，坚实饱满的乳房，白嫩的皮肤，柔软的身体，都是雌激素的功劳。所以保护好卵巢，对于女人是非常重要的。尤其是 40 岁已过的女性朋友，一定要关注卵巢的养护。

在高科技发展的当下，有很多方法可以养护好女人的卵巢，关键在于要具备基本常识，正确的意识，但切忌心急乱投医，一定要咨询专业的医生。当然，日常的保健养生，补充匹配的营养，饮食调理，也是很有功效的。

保养好女人的卵巢，就是保护雌激素，保住青春，就能延缓更年期，延缓衰老。

第十一章　运动健身是逆袭衰老的主旋律

在人生的第三阶段，健康无疑是重中之重。我们要付出时间、毅力，坚持运动健身，才能换来身体的健康和生命的质量。

健康的身体是生命质量的基本保证。有了健康不等于有了一切，没有健康就等于没有了一切。

我有一个朋友，在奔五的路上没能走过来，非常让人痛惜。为了女儿考上理想的大学，在高三冲刺阶段，她白天要忙着工作，下班后要忙着家务，要关心女儿的营养，还要陪伴熬夜，弄得心力交瘁。这期间她一直胃痛，但没时间上医院，痛时就买一些治胃痛的药对付一下，想一切待女儿考完试再说。女儿的录取通知书下来了，考上了理想的大学。这一天一家人比过年还兴奋，忙着发微信朋友圈，忙着亲戚们一起分享快乐。第二天，我这个朋友终于坚持不住因胃痛倒下了，立即被送医院，诊断胃癌。我去医院看望她时，已经做完了手术，从重症监护室出来，人瘦去了一半，身上插满了各种管子。她还是充满希望地告诉我：再有十天她就可以出院了。但她的这个愿望没能实现，医生说，因为拖的时间太长，身体太弱，没了抵抗力，伤口总是感染，无法愈合。最终还是去了另一个世界。

在现实生活中，这样的例子比比皆是。

我们的身体就如同一架精密的机器，在运转了几十年以后出现问题是很正常的，关键是要爱护自己的身体，关心自己的身体，在身体发出求救信号时，要立即回应。很多部件在保养、修复后又会恢复正常工作。如果置之不理，就会像我朋友一样，出现不该出现的结果。

运动健身是保障机器能正常运转的最佳方式。

我母亲一直坚持运动，每天坚持散步、深呼吸训练、保健按摩等自我形成的一套运动流程。已经奔九了，腰不弯背不驼，走起路来从背后看，没人说她是快奔九的人。

我在人生的第三阶段规划中，将运动健身放在了首位。必须首先保证身体健康，才会有精力去完成其他未完成的心愿，才会有潇洒、快乐、高质量的生活。

我身边有这样的朋友，说到健身运动，也还津津乐道，跑步、快走、瑜伽、健美操都尝试过，就是难以坚持。买张年卡，一年去不了几次，都为健身房作贡献了。运动健身难以坚持，这可以理解，因为运动需要时间，需要付出体力，刚开始还会腰酸腿疼，但如果你听了下面的故事，也许就能坚持下去了。

几年前，我妹妹突发急病，叫来救护车送到一家大医院急诊部。在急诊部的感受让我刻骨铭心，并暗下决心，一定要运动健身，确保身体健康，不能让自己躺在这样的地方。

在急诊部，不断有病人送来，外伤的、突发急症的、高烧的。我印象深刻的，是一位送来的突发心脏不适的中年男子，床位在我妹妹病床的旁边，一帘之隔。他刚一被送进来，医生护士就忙于抢救，整个急诊病房笼罩在紧张的氛围中，让人窒息。抢救不到一个小时，医生护士退下，布帘拉开，两位工人模样的人过来，用一块白布单把刚才还是活生生的那个人裹起来，用手推车拉走了。我还没有回过神来，一个生命就在瞬间消失了。我呆呆地看着躺在急诊病床上，挂着瓶子，插着管子的病人，心中一个强烈的声音告诉自己，付出什么样的代价也不能躺在这里。

我妹妹痊愈后，我把这个想法告诉她，并叮嘱她，一定要坚持运动，身体健康必须放在首要位置。

人的任何所得，都是用付出换来的，人类世界里从来没有免费的午餐。

在人生的第一阶段，我们付出时间、精力，学习得到知识和技能。在人生的第二阶段，我们拼搏奋斗，积累资源财富。女人怀胎十月分娩，历经多少痛苦，得到自己的儿女。父母付出青春和心力，换来儿女的成长。

在人生的第三阶段，健康无疑是重中之重。我们要付出时间、毅力，坚持运动健身，才能换来身体的健康和生命的质量。

身体健康的重要性大家都明白，但在日常生活中，总是有种种理由去迁就自己的惰性和软弱。

朋友聚会聊到运动时，总有人这样说，顺其自然，听天由命吧。可以用大把的时间花在刷朋友圈、网聊、逛街上，却不愿花时间运动。其实，这是一种对自己的生命极不负责的态度。到感觉身体、精力都跟不上时，也许就太晚了。

保持旺盛的精力，是逆袭衰老关键的部分，从某种意义上讲，比容颜、身材还重要。到一定的年龄，看一个人是否年轻，更多的是看体态和精气神。什么叫未老先衰，其实就是这个人身上的暮气，看不到年轻的体态、精神，气往下行，人就显衰老了吧，并不一定是脸上有多少条皱纹、头上有几根白发、是否有眼袋什么的。

而保持年轻体态、精气神最好的方式就是运动。通过运动，可以使僵化的身躯灵活，阻滞的血流畅通，亚健康状态得以改善，增加氧气供应量。更重要的是给自己一种心理暗示：我还年轻，活力仍在。

我看过这样一个欧洲的舞团表演，一场印象很深的表演。舞团的舞蹈演员，最小的年龄在60岁以上，最大的年龄已80岁出头了。这是一台充满青春活力的舞蹈表演，芭蕾舞、爵士舞、现代舞，难以相信是一群这样年龄的演员在表演。演出过程中，没有人关注她们的年龄，完全被她们的舞姿、活力感染。谢幕后经主持人介绍，才知道刚才那一台精彩的表演，是这样一群不服老、意志坚强的女人奉献的。看到她们的笑脸、舞姿、身段，能想到“衰老”二字吗？不，被感染的只有青春、活力和美丽。

有保健专家这样定义健康，直白地讲，全身血液通畅的人就健康。

是呀，高血压、高血脂、高血糖、肿瘤等疾病，不都是因为血流不畅，阻滞而发生的病变吗！而运动能让血流加快，血管扩张，带走垃圾，是身体健康一道坚实的防火墙。

在我们为了生存拼搏、为了创业成功奋斗，为了儿女成长付出时，毫不留意地透支着我们的身体。在退休后，一定要善待我们的身体，通过运动健身，饮食调节，改善身体亚健康状况，恢复活力，为人生的第三阶段打好基础。

医学上有这样的理论，我们身体的各个部件的使用是有年限的，部件不同，正常使用年限也不同。比如膝盖，理论上正常使用年限就 60 年，而且还不要损伤病变才能保证 60 年。在当下老年人中，膝盖出问题的多了去了，很多老人步履蹒跚，举步维艰，就是这个原因。因为膝盖要承受我们全身的重量，还要支撑走路、跑步等功能，所以容易磨损。

运动健身也需要方法，有氧运动和力量抗阻运动要结合。有氧运动能增加肺活量，吸入更多的氧气，有利于血液循环。力量抗阻运动可以强健肌肉，拉伸筋腱，起到保护骨骼增加力量支撑作用。跑步、快走、游泳、跳舞、跳绳都属于有氧运动，哑铃、器械、俯卧撑、仰卧起坐、瑜伽属于力量抗阻运动。

在选择运动方式时，要尽量选择自己有兴趣、方便、能接受的运动方式，循序渐进，过程中加以调整，形成一套适合自己的健身模式。

同时，要尽量选择适合自己身体的运动方式。个体是有差异的，适合别人的运动不一定就适合你。就像前面讲到膝盖如有问题，选择运动方式时就要特别注意，既能运动到身体其他部位，又要保护好膝盖不受损伤。

我自己就经过一年多的磨合，基本固定下来一套自编运动程序。每天晨起，喝一杯温开水后就开始运动。跑步机上 20—30 分钟快走，15 分钟哑铃操，增强手臂、肩部的力量，因为要保持舞蹈的需要，压腿、压腰等拉伸 15 分钟，放松运动拍打全身 5 分钟，每天 1 个小时。这样坚持几年下来，感觉自己的精力不但没有衰退，反而更饱满，睡眠也好，食欲也好，不会感觉自己会输给年轻人。

有次参加一个瑜伽讲座，来的都是30岁左右的年轻人。大家都坐在地上听课。中途老师示范，同学们也模仿学习，老师让同学们两手一上一下在后背拉上，我看了一下身边的年轻同学，这样一个简单的动作，大部分都无法完成。这说明身体的筋腱太紧，肌肉板结，这是平时不运动造成的。老师也说这样是不可以的。筋腱肌肉长时间处于这种状态，就会阻滞血液微循环，时间一长，就造成肌腱劳损，出现疼痛。

通过健身运动，可以提高身体的免疫力，抵御很多疾病，并保持生命的活力，看起来比同龄人更年轻。

女人在进入更年期后，身体会出现很大的变化，由于雌激素的急剧下降，最先受到冲击的就是骨骼。这一时期，骨量会快速丢失，造成骨质疏松，关节退行性病变。这些变化都是在我们没有感觉中悄然发生的，但后果却很严重。

由于关节的退行性病变，在运动开始时，最大的感受就是腰腿不灵活，在做某些动作时有疼痛感。我上跑步机快走时，大腿就会有痛感，但关节放松后疼痛就消失了。这种现象在医学上也讲得通，可以通过运动，慢慢加强关节周围的肌肉力量，用肌肉的力量支撑，帮助病变的关节恢复活动能力。这种退行性病变是岁月造成的，但还是要通过体检确认，如果是其他病变，就需要及时就医了。

如何坚持一项枯燥的活动呢？只要有竞争，就会产生巨大的魔力。参加体育竞赛的运动员，在训练中是多么的枯燥和辛苦，但他们却能够坚持下来，并在比赛中去拼搏，这就是竞争的魔力。不能坚持运动的朋友们，不妨借鉴，适当选择一些适合自己参加的比赛，这样可以促使自己坚持下来，逐步养成运动的习惯。也可以参加一些团体组织的活动，在集体的凝聚力下，督促自己坚持运动。

运动健身会不断给身体注入活力、加强我们的自信心，促进我们的血管、脏器、骨骼的健康，让我们始终保持年轻的活力，积极的心态，超越自我，超越同龄人。

第十二章　心理健康的人才能主宰命运

心理健康，在人生道路上很是重要，在我们遇到风险危机时，才有可能发挥自身潜能，渡过难关，迎来风雨后的艳阳天。

心理健康是指一种持续且积极发展的心理状态。在这种状态下，人在面临不同境遇时，能做出良好的反应，并能充分发挥自身的潜能。

一般来说，心理健康的人都能够善待自己，善待他人，适应环境，情绪正常，人格和谐。心理健康的人并不是没有痛苦和烦恼，而是他们能适时地从痛苦和烦恼中解脱出来，积极地寻求改变不利现状的新途径。

不知道大家身边有没有这样的人：总是摆出一副怀才不遇的姿态，好像谁都不如他，看不上这个，看不上那个，对什么事都是抱怨。

我见过比较多这样的人，所以，在做企业时我说得最多的话就是：不论遇到什么样的困难和不可理喻的事，都不要抱怨，因为抱怨没有一点作用，只会把你的心情弄得更糟。积极地想办法解决问题，行动起来，才是上策。这其实就是心理健康的表现。

心理健康的人，能够适时调整自己的心态去面对现实，而心理不健康的人，遇到困难、坎坷，总是以焦虑、纠结、抱怨去面对，使得自己无法走出困境，深陷不良情绪之中不能自拔。

有这样一句老话：祸不单行。我理解这句话的因果关系是：因为在遇到不测或倒霉的事时，人往往会情绪沮丧、急躁，丧失理智。在这样的情绪之下去判断和处理问题，会做出错误的选择，所以糟糕的事情会接二连三地发生。原因不是真正有“祸不单行”，而是错上又错造成的结果。心理健康的人，在遇到严重问题或危机时，往往能冷静沉着地去面对和处理。

在我做企业期间，曾遇到过非常棘手的难关，企业面临生死抉择。2002 年的内地，相对沿海城市，在经营大环境、政府部门的政策把握上的差距是很大的。当遇到来自外部的可以说是艰险的困境时，我没有时间也没有精力抱怨、愤怒，唯一可做的就是解决眼前的问题，寻找未来的出路。最终，我下决心把企业从内地迁到了沿海城市，虽然也遇到不少困难，但企业在沿海城市的大环境下得到了更大的发展。处理危机的决策对了，就不是“祸不单行”，而是“柳暗花明又一村”了。

所以，做了什么样的选择，在什么样的状态下做的选择，决定了结局是“祸不单行”还是“柳暗花明又一村”。

不管是一个人，还是一个家庭，都会遇到这样或那样的困难或难以跨越的坎坷。有与生俱来的病痛，有职业、事业上的艰辛，有创业的失败，有恋爱婚姻的不如意，有子女的不顺，有父母带来的烦恼，等等，但绝大多数人都在积极地奋斗、拼搏、坚持，寻找突破。佛教有这样的说法：人来到这个世界，就是来受苦的。想想，这是真理。看看我们周围熟悉的每一个人，不都是在克服困难、战胜坎坷中前行的吗！那些看似高高在上的成功人士、演艺明星，从外表看很是风光，让人羡慕不已，其实这些人的内心和身后，也有很多不为人知的艰辛和难以言表的寂寞。

曾被称为中国演艺界最美丽女人的秦怡，出生于1922年，“文革”期间遭遇过凡人难以忍受的批斗和折磨。儿子由于没人照顾，患上了精神疾病，不能像正常人一样生活。临近中年她失去了爱人，要独自照顾病重的儿子，同时还要参加电影的拍摄，晚年又痛失爱子。而她自己先后患过四次大病，开过7次刀，得过脂肪瘤、甲状腺瘤，摘除了胆囊，最后被诊断出患有肠癌。秦怡老师的一生应该用艰辛和坎坷来定义，但她自己并不这么认为。央视3套曾采访过秦怡老师，她用平静、温润的语调，讲述了自己跌宕的人生故事。用她自己的话说：我是幸运的，没有被生活击垮。看着秦怡老师满头漂亮的银发，优雅美丽的形象，我们敬重她，曾经经历过那么多的苦难，依然保持乐观豁达的心态面对生活，不愧是一个优秀的演员，优秀的女人，优秀的母亲。

心理健康的人，遇到困难和坎坷时，会以积极的态度去面对，并采取积极的办法去解决问题，战胜困难，而不是抱怨、郁闷、悲观和沮丧。所以，有些人能够事业有成，家庭和谐，而有些人一辈子一事无成，无幸福可言。

我有一个朋友，在得知丈夫出轨后，她的处理方式和很多女人都不一样，我非常欣赏她的聪明和理智。绝大多数女人在遇到这种所谓“小三”事件上，处理方式都是非常不理性的。

我这位朋友是一位大学教授，自己和家庭条件都不错。老公在一家外企公司任高管，50 出头，是一个有魅力成熟的男人，也是女人们容易动心的男人。儿子也早已安排出国留学了。这一家庭在外人看来是很不错的三口之家。一天，我朋友无意中发现了老公出轨，这当然是一件令她非常难堪且痛心的事。她经过了几天冷静的分析和沉思，找出造成丈夫出轨的原因。最难得的是，她并没有把丈夫出轨的责任推卸到丈夫或“小三”身上，而是找到自己在这个事件中应该承担的责任，明确丈夫对自己和这个家庭的重要性，并制定了改变目前现状的措施。

之前，由于夫妻双方工作忙，儿子又不在身边，所以双方基本不回家吃饭，我朋友也落得不买菜做饭的清闲，最多周日在一起到外面酒店吃一顿。这样家就成了宾馆，回家睡一觉的功能，给了他人可乘之机，责任当然不在对方。我朋友找到问题的症结，不哭不闹，不急不躁，她心里清楚，这时一闹，就等于是把丈夫推出去，造成无法弥补的损失。这个女人悄然改变自己，下班后回家做饭，并找到适当的理由说服丈夫回家吃饭。通过半年的努力，终于挽回了丈夫的心。但我朋友在丈夫面前只字不提那件事，就好像什么都没有发生一样。

这样的女人有与众不同的强大心理，遇事不惊，沉着机智，是非常难能可贵的。而有很多女人遇到这样的事件，自己还没有弄明白怎么回事，自己究竟需要什么，就开始折腾，直到把双方搞得筋疲力尽、两败俱伤为止。

心理健康，在人生道路上很是重要，在我们遇到风险危机时，才有可能发挥自身潜能，渡过难关，迎来风雨后的艳阳天。

第十三章 积极乐观的人更年轻

在漫长的人生旅途中，每个人都会遇到黑暗降临的时候。走出黑暗，看到光明，需要积极、乐观、勇气和智慧。大度包容，能释放人心中的怨恨，使我们从麻烦中走出来。

人们常说，性格决定命运。这句话是真理。

在网上看了一篇文章，标题是《36 岁的张柏芝为何会败给 45 岁的王菲》。把 36 岁的张柏芝与 45

岁的王菲作比较，有图片有文字。照片比较两人的容颜，并分析了两个人的性格。其间，有这样一段文字："45 岁的王菲依然有着少女一般的心态，会疯，爱玩，敢爱敢恨，而年轻的心态也体现在了脸上，尽管早就步入中年但依旧面如桃花。如果是天生的娃娃脸，那么看上去嫩是再正常不过的事。但王菲显然不是，相反，她的长相是偏成熟的。在这种情况下还能保住不老容颜，这就不是件容易的事了。不过王菲做到了。都说，男人喜欢年龄小的，但如今看来，还真不是那么回事儿。原来年龄真不是问题，影响一段感情的，不见得是年龄。同样，衡量一个人是否真正年轻的标准，也不一定就是年龄。"

其实，两个明星遇到的是同样的问题，但由于性格不同，对待问题的态度就不同，处理问题的方式也不同，结果自然就有天壤之别了。

我一直认为，女人的性格有天生的缺陷。由于女人的身体特征和天赋的责任，女性从十几岁迎来"初潮"，接下来怀孕、生育，经历着男人无法想象的身体上的痛苦和巨变。随着每月经期的来去，女人的身体经历着暴风雨和艳阳天的洗礼，直到闭经。

女人的这种身体特性，决定了女人性格的多变性、敏感性。

恋爱中的男性经常抱怨，不知道女人要什么，太难琢磨，太难把控了。这就对了，这就是女人。

我有一个朋友，怀疑老公出轨。每日老公下班回家，两人就闹得不可开交。追问、逼供、查手机，弄得老公不敢回家，她自己也痛苦焦虑。一次我问她，你这样闹是要赶他出门，让他提出离婚？她的回答出乎我意料。她说：我很在乎我老公，很爱他，但又很气愤他的出轨行为，心里委屈又特别气，就想报复他。我问她：是想和还是离？她回答：当然想和。我当时心里就很纳闷……当然想和，为什么闹成这样呢！

这就是傻女人了。自己究竟要什么都不知道，等你把气撒完了，你痛快够了，老公就真是别人的了。生活中这种女人很多，性格里没有一点包容性、忍耐力，遇事不能冷静思考，由自己任性。老公出轨，自己没有责任吗？这样一哭二闹三上吊，能解决问题吗？后来经过疏导，我这个朋友总算挽回了局面，现在一家人过得还不错。

另外一个女人就没有这么幸运了。同样是老公出轨，但最后闹得两败俱伤。本来这个女人是和老公共同创业，走过了一段艰难的历程。女人的年龄比老公略大一点，这本没有什么，但这个女人犯了一个致命的错误，把老公当成了小孩对待。老公在经济上没有

一点自主权，每月拿到的零花钱还不如手下的员工，有什么特殊需要必须提前向老婆申请。

男人是把自尊放在第一位的，特别在中国，是一个讲面子的国度。智慧的女人，一定要尊重男人的面子，特别是在公众场合。男人长期在这种自尊得不到保全的情况下，出轨是意料之中的事了。

这个女人得知老公出轨，并没有从自己身上找原因，调整对老公的策略，而认定是老公变心，喜欢年轻女人，所以不依不饶，一闹到底。两年多过去了，最近听说，他们要离婚，但因为财产分割还没有结果。

在漫长的人生旅途中，每个人都会遇到黑暗降临的时候。走出黑暗，看到光明，需要积极乐观的心态、勇气和智慧。大度包容，能释放人心中的怨恨，使我们从麻烦中走出来。

女人如果能克服自身的一些弱点，培养出积极乐观的心态、大度包容的性格，这样的女人一定能抓住幸福。

性格开朗大度的女人，具有吸引力，周围一定有一群男人在转。说来也怪，开朗大度应该是男人的性格特征，但恰恰很多男人喜欢这样性格的女人。

特别是人到中年以后，女人的魅力不完全是外在的容颜，更多的应该是一种内外兼修的综合素质。随着岁月流逝，人的容颜终归要老去，能够留下的也就是性格、品德、阅历沉淀下来的魅力，她一样会有吸引力，一样会有华彩。

积极乐观，是人最重要的性格特质，具有一种超强的生命力量。

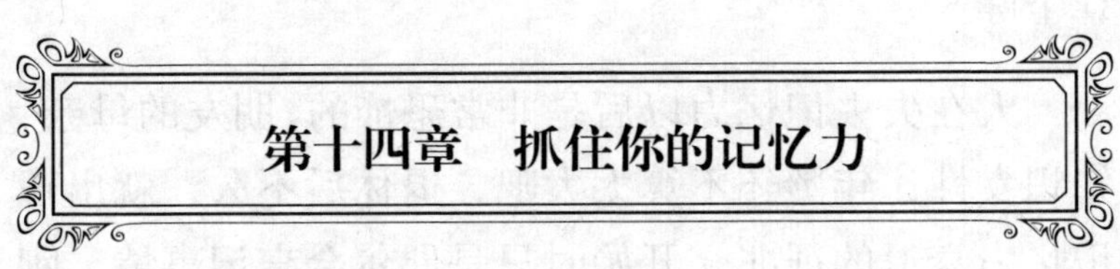

第十四章　抓住你的记忆力

记忆功能，和身体其他部位的功能一样，是可以通过持续的训练恢复的。

记忆力是人的一项非常重要的功能，直接关系到人的学习能力、认知能力、思维能力和生活质量。

女人进入更年期，最明显的一个表现，就是记忆力的衰退。

记忆力衰退不是哪一天突然出现的症状，有一个逐渐变化的过程，每个人出现的程度也不一样。最初能感觉到的，就是以前记得很清楚的事情，很熟悉的人名，一下怎么也想不起来了。刚说好的事情，一转身就忘了。这种现象出现的频率高了，就说明记忆力在下降。

人在失去记忆力以后是非常恐怖的。朋友的母亲，知识女性，年龄还不算太大吧，退休后不久，就出现记忆力衰退的征兆。开始时只是偶尔会忘记事情，刚锁好门下楼就忘记了，又上楼去看。后来逐渐发展到熟悉的人也记不住名字，见面看着你笑，就是想不起是谁。到最后完全丧失记忆力，痴呆了，人世间的一切事物都不知了。

记忆力快速衰退的原因，在于缺乏相关的知识。很多人总以为年龄大了，记忆力下降一点正常。在这种思想指导下，就会错过可以挽救的时机，造成严重后果。我朋友的母亲就是这种情况。

其实，记忆力在出现早期下降征兆时，只要具备基本的常识，是可以及时挽救的。

首先，在出现早期征兆时，不能对自己的记忆力失去信心。虽然这也是身体在这一时期变化的一种反

应，但是有方法可以逆转。

我自己就有过这样的亲身体会，曾经在一段时间出现得很明显。我采取了一种强制记忆的方法训练记忆力，很有效果。这种方法我也教给母亲和其他朋友使用。

这里也把这种方法介绍给朋友们。方法很简单，坚持一段时间效果就显现出来了。

在想不起一个以往熟悉的人名（歌星、朋友）或者事情时，不要马上问或上网查找，依靠自己的记忆想，先回忆与这个人相关的信息，如唱过的歌、开过的演唱会等，一定要努力地依靠自己的记忆想起来。我自己这样试过。有一次一个歌星的名字我到第三天才想起来。想起来以后，把相关的信息、名字的特征串联起来，下次就非常容易记起来了。经过这样一段时间训练，感觉自己的记忆力又恢复了。

我通过自己的亲身体验，对记忆力的描述是这样的：记忆力之所以叫记忆力，是因为记忆的确有一个力度的深浅问题。年轻时记忆力度强，什么东西一过脑就记住了。而随着年龄增长，这个力度是在减退的。我做个比喻就更清晰了。人在软泥上按个手印，力量越大，印就越深，存留的时间就会更长。年轻时的记忆就是深深的印，所以不易抹去，体现在什么都能记住，不易忘。而年龄增长以后，这个力量减小了，印就浅，力度太小还留下不了印，所以就记不住事，实际是记忆太浅，很快忘记。如果我们有意识地增强这个记忆的力度，就像按手印时，力量大一点，或重复多按几次，这个印就会加深，那么想记住的事物就不易忘记了。特别重要的事，反复记忆几次，就会记得很深。而经常重复这样的训练，记忆力就会重新加强起来。我认为，记忆力的训练和身体通过其他锻炼达到增强力量感是一个道理。

记忆力的确是可以通过训练找回来的。

一档综艺节目中，一位父亲，退休后发现自己的记忆力下降，有时竟然连儿子的名字都想不起来了。为了不拖累儿子，这位父亲开始自我训练。每天到海边捡贝壳，摆成不同的数字，强迫自己记忆，自己还发明了一些记忆方法。训练一段时间后，他发现自己的记忆力有了突破性的发展。在综艺节目《最强大脑》现场，他的表演，让在场的评委、嘉宾、观众都为之震撼。连很多常人都很难记住的那些复杂的数字，老人却能够记住并反馈出来，很了不起。

值得注意的是，女性在更年期到来时，记忆力会出现明显下降。特别是知识女性，在过度用脑、工作

压力大、生活缺乏规律的人群中更为明显。

记忆功能，和身体其他部位的功能一样，是可以通过持续的训练恢复的。

要对自己的记忆力保持信心，通过反复记忆、强制记忆训练，并选择一种适合自己的、符合记忆规律的记忆方法。生活规律化，不断学习新的知识，放松心情，适当补充蛋白质、微量元素、维生素等营养物质，对促进记忆力功能更长时间保留，是非常有效的。

记忆力的衰退，如果不及时纠正，会让人的自信心受到打击，不愿对外交往，封闭自我，从而形成恶性循环，严重影响生活质量。所以在出现前期征兆时，一定要引起重视，及时采取措施挽救。

第十五章　眼睛，会过早暴露你的年龄

眼睛的老化，也是反应身体这架机器的零件，在使用多年以后，出现了正常磨损而功能衰减。

眼睛，40 岁以后就开始老化，因人而异，有的人会早一点，有的人可能会到 50 岁左右。

眼睛老化以后，会出现不同程度的视力减退。以前是近视的，戴平时的近视眼镜，在看近物的时候会感觉模糊，而取下近视眼镜则看得更清楚。视力原本比较好的,在看书报等近物时也出现看不清楚的感觉，而把东西拿远一点反而更清晰。这就是眼睛老化的外在表现。

眼睛老化,其实跟身体其他部位的老化是一样的。只是反应在感觉上更直观一些。眼睛的老化，也是反应身体这架机器的零件，在使用多年以后，出现了正常磨损而功能衰减。眼球的晶状体硬化，弹性减弱，睫状肌收缩能力降低，导致调节能力减退，近点远移，故发生近距离事物困难。

眼睛出现老化以后，看近物时会模糊，而且随着时间推移，会逐渐加深度数。很多人开始时并没有意识到这种变化，就强迫自己，或皱眉蹙眼、揉搓眼睛，或把东西放远看，以适应眼睛的变化。这样其实是不正确的。

长时间的皱眉蹙眼、揉搓眼睛，会让面部的额头过早出现“川”字纹，眼角出现鱼尾纹，也会让远视的度数快速增加。正确的选择，应该是在出现看近物模糊时，正视自己眼睛的变化，在眼睛的专科医院或专业的眼镜店，检查一下眼睛的现状及远视的度数，在需要看近物时是否需要配相应的眼镜。

对于特别爱美，又希望保持自己年轻的形象，不愿让眼睛的变化暴露自己年龄的朋友，可以选择手术调整。手术的原理和近视手术一样，但手术的形式不同，小手术，半小时解决问题，没什么痛苦，只是手术后三天眼睛稍有一些不适，休息几天就好了。大多数人手术后有效果，但有个别人无效。

白内障也是眼睛的一大杀手。随着年龄的增加，出现白内障的概率也在增大。有些人早，有些人晚，也有人终身不会出现。早期白内障可以通过药物控制，晚期就要通过手术解决了。白内障摘除是很成熟的手术，没什么风险和痛苦，摘除了，视力就会恢复很多。

眼睛的变化，也会反应出身体的脏器、血管的问题。从中医来看，肝好肾好眼睛就好，肾虚会让眼睛过早衰老，所以，从养生方面加强肾的保健，就是对眼睛最好的保护。

女人往往不敢正视衰老，但人体这架机器在运转多年以后，就会出现不同程度的磨损和老化，这是不以人的意志为转移的。要想保持年轻的感觉，就必须从客观上正视身体的变化，只有事先知晓了这些变化，并具备一定的健康常识，才有可能预防，使人为的干预，能科学有效地延缓衰老。

第十六章　保护牙齿，美味不断

牙齿除了有咀嚼的功能外，对于个人形象也是很重要的。特别是爱美的女人，保持一口好牙无疑在形象上是加分的。

牙齿，是我们维持生命的重要器官，也是我们享受人间美味佳肴不可缺少的工具。

没有牙齿的痛苦可能朋友们现在体会不到，但我身边有几个亲人，年龄不算大，却牙齿全部掉光，吃饭时必须依靠假牙，既麻烦，又痛苦，更不要谈形象了。

各种佳肴，都是通过牙齿的咀嚼才会让人感觉到美味可口的。

没有咀嚼这个过程，很难感受到食物带给我们的无限乐趣和美好享受。所有的食材，都是在咀嚼的过程中，才能品味出麻、辣、鲜、香、咸、酸、甜的味道，滑、嫩、脆、柔、酥、绵、糯的口感来。

朋友们可能现在不会有感觉，但牙齿的保护需要早早做起，到出现问题时再补救往往就来不及了。

牙齿出现问题是一个缓慢的过程，如出现牙龈出血肿痛、牙齿松动、蛀牙等问题，如未及时治疗，最后会漫延殃及整个口腔。

定期洗牙也是保持牙齿健康的重要方法。

不要轻易拔牙，无奈拔牙以后，一定要及时镶牙或种牙，千万不能拔牙后置之不理，这样会让其他的好牙慢慢松掉，一旦其他牙松动，就很难再恢复，不得不一颗一颗全拔掉了，到那时，后悔也来不及了。

我母亲一直很重视牙齿的护理和保养，我第一次洗牙，还是我母亲带我去的。87 岁的她一颗牙也没有掉，牙齿好，胃也好，身体就好。

我们应该有记忆，在上辈、上上辈的老人中，都是“一望无牙”的多。现代人的寿命比老一辈更长，所以保护好牙齿，对于活出生命质量是至关重要的。人活着，牙没了，也是很痛苦的。

牙齿除了有咀嚼的功能外，对于个人形象也是很重要的。特别是爱美的女人，保持一口好牙无疑在形象上是加分的。

第十七章　保健养生，为生命保驾护航

养生重在于养，通过调整生活节奏，结合营养饮食，中医食疗、药疗、理疗，养出好皮肤，养出好气色，养出健康的身体是可以实现的。

中医发源于中国。中医的基本理念是讲究人体的阴阳平衡，阴阳平衡人则无病，阴阳失调人则生病。在这个基本理念的指导下，中医更倾向于身体未病的养生调理。

中国历代皇帝、后宫，都是非常注重养生的。日常的养生保健做好了，人体阴阳保持平衡了，人就会少生病。

改革开放四十多年后的中国，在经济、科技方面取得了突飞猛进的今天，人们的生活也发生了翻天覆地的改变。我们住进了高楼大厦、别墅小院，银行的存款、现金都在快速增长，商品千种万种，要什么都能随心所欲地买到。高科技让生活丰富多彩，方便快捷，仿佛生活中什么都不缺，但工作生活的压力、精神的空虚、人情的冷漠、遇到困难时的无助等困惑，使都市中的我们，随时处于一种紧张、恐惧、焦虑、抑郁、纠结、无奈的情绪之中。在当下物质如此丰富的条件下，却有那么多的国人身体处于亚健康，甚至不健康的状态。

亚健康概念，是当下的一个新概念，面对太多大都市人群的身体现状而出现的。所谓亚健康，就是身体并没有发生器质性变化，但自身却出现乏力、失眠、食欲不振、便秘、注意力不集中、头晕等症状。体检指标都正常，胃镜、肠镜都没问题，就是有症状。这种现象就是身体亚健康了。中医解释最明确，就是人体的气血不足、经络阻滞造成的诸多症状，但由于是早期出现，还没有引起器官的病变，所以指标是正常的。

其实这种现象，已经是身体在发出预警，应该引起足够重视了，否则病变就发生了。但往往因体检后各项指标正常，身体发出的预警并没有被重视，就像前面故事里讲到的朋友，胃不适已经好几年，但由于工作忙，女儿要高考等一拖再拖，没有及时治疗，没有保养，痛时就买点药对付，最终让胃癌夺走了生命。

在人生的第二阶段，拼搏奋斗，大大透支了健康，由于忙工作、事业，忙家庭子女，忙赚钱买车买房，没有精力顾及身体，也没有时间保健养生。

一个朋友，刚退休下来，还没有来得及好好歇一歇，就被送进医院，检查出癌症晚期，经过手术、化疗，受了不少罪，还是没能挽回生命。交了十几年的社保，就享受了不到 9 个月的退休金，家里装修的新房，享受了不到 1 年。

这些都是沉痛的教训，相信朋友们的身边都会有这样的悲剧发生。

其实，有很多悲剧是完全可以避免的。身体是我们自己的，有了健康的身体不等于有了一切，但没有健康的身体，就等于没有了一切。这个简单的逻辑，相信大家一看都懂。只要我们转变一下生活理念，生活就可以是另外一番景象。

保健养生，就是为我们的生命保驾护航，扭转身体亚健康状态，把透支的健康补回来。通过中医保健养生，调理气血，疏通经络，延缓身体各部位的衰老速度，阻止病变发生。

中医发源于中国，我们应该充分利用中医的养生原理，调理好身体的阴阳平衡，通过有规律的生活节奏，营养搭配，合理饮食，适量运动，把身体调养到最佳状态。身体好，精神才好，人才会保持年轻的状态，表现出充分的活力和自信来。

我有一位朋友，人漂亮能干，由于在单位是个领导，工作一直很忙。还不到退休年龄，就出现身体亚健康的症状，失眠、食欲不振、头晕、乏力，体检什么问题也没有。开始还能硬挺，一年下来，好像大病了一样。我这位朋友非常理性，知道这种情况，拖下去会更糟。在一位中医朋友的建议下，她办理了提前退休，下决心要先把身体调理好。退休后，由于没有了工作压力，没有了复杂的人际关系，不熬夜，不应酬，生活有规律，通过中医的食疗加理疗、适量的运动，不到一年时间，身体就恢复如初。现在组织了一支模特队和一支舞蹈队，每天也忙，但心情放松愉悦，没有压力，人比退休前还要年轻漂亮，精气神焕然一新。

养生之道，在于养。养和治不同。养讲究循序渐进，量变到质变。

建立了正确的养生理念，一定要学习一些中医保健养生的基本知识，这样才能在日常生活中，应用自如。

中医讲究阴阳平衡。女人是阴，男人是阳。夜晚是阴，白天是阳。人体前面的任脉是阴，后背的督脉是阳。人体的五脏六腑、经络穴位都有阴阳之分。

现代都市病的三高一高血压、高血脂、高血糖，以及脂肪肝、冠心病、肥胖症都是因为肝阳上亢，伤阴亏阴引起的。更年期综合征，很大程度上也是阳亢阴虚。阴盛阳虚的也有不少，女人气血不足，失眠多梦，腰酸背痛，有气无力，怕寒畏冷，都是因为阳气虚弱，阴阳失调的结果。

中医把人的体质分为8类，阴虚体质、阳虚体质、气虚体质、阳盛体质、血虚体质、血瘀体质、痰湿体质、气郁体质。每一种体质，都有各自的特征。

首先，要了解自己属于哪一类体质，才能判断身体出现的征兆，是什么原因导致的。

自我养生，更要了解体质类别，有的放矢，才能准确达到养生功效。补反了，不但不会有益健康，反而会加重身体负担。

例如，阴虚体质，出现阴虚症状时，在膳食调理中，就要补充滋阴养阴的食物，避免过量食用热性、上火的食物，这样才能达到身体阴阳平衡。痰湿体质的人容易肥胖。痰湿其实是一种毒素，容易淤积在身体里不易排出，所以在日常饮食中，尽量少吃容易形成痰湿的食物，用一些有疗效的食疗方法，去除身体里的毒素，也可以通过中医理疗排毒。

中医养生中，讲究一个关键的理念，就是养生需先调养情志。

所谓情志，就是人的性格、情绪的综合。中医讲，怒伤肝，思伤脾，哀伤肾，悲伤肺，恐伤心。就是讲人不良的情绪对器官功能的伤害。

很多长期从事脑力劳动的、思虑过度的人，都会在脾胃消化功能上出问题，原因也在于此。而且，人在处于恐惧、焦虑、抑郁、烦躁情绪时，会刺激交感神经，造成全身血管收缩，阻滞血流，并分泌出有害身体的物质，时间长了，各种疾病就会产生。

江山易改本性难移，这句老话是不准确的。性格能不能改，关键在于人的意识。如果已经意识到自己性格的缺陷，对自己的健康不利，为什么不改呢？我以前就是一个性格非常急躁的人，但做企业以后，意识到这种急躁的伤害，现在完全调整过来，遇到任何事，都会冷静思考，平和去处理。

情绪是由性格加上环境生成的。随着年龄的增长，社会阅历和知识的沉淀，养好情志、控制好自己的情绪，应该是非常必要的。

根据中医节气养生的原则，春生，夏长，秋收，冬藏。在食疗养生、理疗养生时，一定要顺应季节的契机。不同季节，对应的人体脏腑保养是不同的。春季养肝，夏季养脾胃，秋季养肺，冬季养肾。根据不同季节对应的脏腑，在当季节中，通过食疗、理疗的方法保养，对保持健康的身体和旺盛的精力是非常重要的。就如汽车，定期要到 4S 店去做保养，以保证行车安全和耐用程度。保健养生是同一个道理。

比如，秋季在中医五行中属金，人体脏器的肺也属金，所以在季节对应的养生中，秋季养肺。肺喜润，不宜燥。所以在秋季的养生食疗中，应以滋阴润肺为主。秋季干燥，气候逐渐由凉转寒，在日常生活中，润肺的代茶饮、汤饮是秋季养生的上品。中医讲白色入肺，秋季的梨、莲藕、马蹄、百合、银耳是应季的润肺佳品。

养生重在于养，通过调整生活节奏，结合营养饮食，中医食疗、药疗、理疗，养出好皮肤，养出好气色，养出健康的身体是可以实现的。

精致生活，时间让女人更具魅力

每一件精美的艺术品都透着一种令人着迷的神韵，女人也是如此。提升自己的内在涵养、寻找新的追求，做一个灵魂有香气的女子。

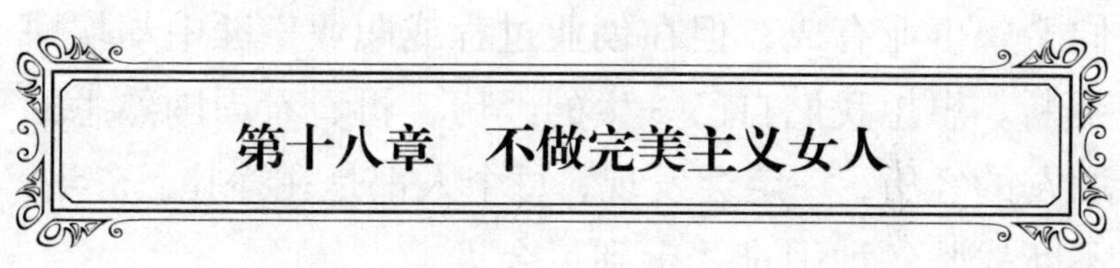

第十八章　不做完美主义女人

其实，完美只是一个梦想、一种境界而已，千万不能在现实生活中去追求完美，不然你的一生会活得很累，很纠结，最后还不会有你想要的结果。

很多女人都是完美主义者。任何事情，既要求过程的完美，又希望细节和结果的完美。

但我们要知道，这样完美的事情，在生活中太少太少。我们一生中，不管怎样努力，从学生时代的升学，到走进社会，工作事业、创业守业、交朋结友、恋爱婚姻、抚养子女，再到成为奶奶姥姥，细细回想，有一个环节是非常完美的吗？

当我们抱着无限的憧憬，恋爱后走进婚姻的殿堂，却发现当初憧憬的美好浪漫并没有在生活中出现。我们希望事业有成，但在创业过程或职业生涯中却坎坷不断。想想我们自己一生的经历，再看看周围熟悉的朋友的经历，一定会发现，每个人都是在挣扎、奋斗，不断战胜各种困难才走到了今天。

很多家庭的解体，都和女人脱离现实要求太完美有很大的关系。很多大龄女性，也是因为要求太完美而失去一次次恋爱结婚的机会。

其实，完美只是一个梦想、一种境界而已，千万不能在现实生活中去追求完美，不然你的一生会活得很累，很纠结，最后还不会有你想要的结果。因为，这种完美的结果，在世间根本就不存在。这个道理一定要弄明白，女人才会活得轻松自在。

女人很多的累，实在不是别人给你的，完全是自己找的，但很多人往往还把原因归罪到老公或其他人身上，抱怨不断：我这么累怎么就没人理解。由此形成恶性循环，弄得家庭关系一团糟。

其实，这就是一念之差的事，只要转变了观念，生活就是另外一番景象了。

大家都知道“洁癖”吧，你的身边一定有这样的女人。“洁癖”就是一种心理疾病，也就是强迫症。有“洁癖”的人往往都是完美主义者。由于在事业、爱情或生活等其他方面追求完美的失败，转向对整洁等方面的完美要求，强迫自己不断地洗手、做卫生、整理房间等，做一般人理解不了的事情。

我身边有几个这样的朋友，出差住宾馆，自带消毒液，先把房间、卫生间擦个遍。在家做完饭，厨房要收拾两个小时，不允许一点油污死角。这不是一般的爱清洁了，而已经是一种病态了。

以上这种状况，如果是任劳任怨还好一点，自己累自己而已，如果是任劳不任怨，那这一家人就够呛，就不是只累自己，而是全家人跟着受累了。我的一个朋友，因为经不住老婆的“洁癖”和唠叨，回家待不住，只有往外跑，最后老公出轨。你说这个责任在谁呢？

追求完美，很多女人还表现在对老公的要求上。偶尔看到电视中的相亲节目，一些女生谈自己的择偶标准时，听了只觉得好笑，对外貌、事业、财产、区域的要求如此严谨完美，按这样的标准选男友，可能自己就只能剩下了，因为世间根本就没有这样的男人。不过可以原谅她们的天真和稚嫩，但做女人千万不能这样，不然会一辈子没有幸福可言。

女人一定要有包容之心，要学会包容别人，更要学会包容自己。

有包容之心的女人，善解人意，大度，有人缘，朋友都愿意与之交往。人无完人，都会有缺陷、犯错误，自己也一样，过分计较，会伤害到他人，也会伤害到自己。

我有一个朋友，总是拿自己完美的标准去衡量一切，所以世间很难有她满意的事。女儿性格比较随和，做事松散，有点丢三落四，但她自己活得很自在，满意度也高。而这位妈妈却老是用自己的标准抱怨女儿，看不惯女儿的所作所为，母女俩在一起待不了多久就会产生矛盾，所以我这个朋友一直自己单过。由于性格的缺陷，失去了更多亲情的分享。

有一些女性朋友，在自己的容颜身材上要求完美，特别是不理性、不科学地减肥、整容，也是有害健康的。

写这一章的最终目的，是想告诉朋友们，不管我们多么希望保持年轻的容颜、姣好的身材、健康的身体、旺盛的精力，但随着年龄的增长，容颜、身材、健康、精力都会慢慢地出现衰退。如果坚持保养、运动，保持良好的生活习惯、个人形象的追求，在同龄女人当中，肯定要年轻貌美很多，这是毋庸置疑的。但这个追求的限度一定要把握好,不能过分追求完美。随着年龄增长，不能强迫自己去做一些力所不能及的事情，那样只能损害身心健康，适得其反。

前面讲到包容自己，就是要客观地承认自己的变化，接受自己的变化，包容自己的变化。不管愿望如何，人终会老去，只是如何老去是值得探讨的课题。

不切实际地要求完美，会让自己活得累，也让身边的亲人受累，还会产生很多不必要的家庭矛盾，影响自己的生活质量。

第十九章　恐惧也是一种动力

在恐惧衰老的驱使下，女人会有无穷的力量，去寻找延缓衰老的办法，并持之以恒地坚持下去。

恐惧，是一种人类心理活动状态，通常被认为是情绪的一种。恐惧是指人们在面临某种危险情境，企图摆脱而又无能为力时所产生的担惊受怕的一种强烈压抑情绪。

上面这一段是对“恐惧”专业的解释，通俗地讲，恐惧就是害怕。

女人最害怕什么？害怕变老。这应该是女人，特别是爱美的女人最恐惧的事情了。

在减肥这件事情上，是最能体现这一点的。怕身材走样，女人们尝试过各种花样的减肥方法：不吃、少喝、抽脂、吃减肥药、中医针灸、美容瘦身、运动，等等，只要听说有效的方法，再苦再难也有人愿意去尝试。这就是恐惧的动力，由于害怕而产生的一种动力。

恐惧这种情绪，从心理的角度来讲，应该是一种负面情绪，人经常处在恐惧的情绪中，对身体健康是非常有害的。

我在这里想说一点，世间的万事万物，都是有两面性的。恐惧情绪处理不当就会伤害到人的身心，但如果能把握好恐惧带来的动力，就会有另外的收获。

有一次，我目睹了广州一所三甲医院早上挂号大厅的情景，非常吃惊。那种人山人海的情况，会让人感觉，应该是在购买明星演唱会的门票，或是明星足球队的比赛门票吧。但那种场面，的确是为了看病而要事先挂号的场景。看到那让人望而生畏的场面，从那一刻起，我产生了一种怕生病的恐惧感，我告诉自己，不能生病！不管什么办法，只要能让自己身体健康，不生疾病，都要去做到。我一直坚持运动，在自己想懈怠的时候，只要那幅难忘的画面出现在眼前，就会有勇气继续向前。

这种动力，和“化悲痛为力量”是一个道理。把不良情绪转化为有益的动力。

在恐惧衰老的驱使下，女人会有无穷的力量，去寻找延缓衰老的办法，并持之以恒地坚持下去。

我要告诉朋友们的是，只要我们利用好自己的恐惧情绪，把它变成一种动力，不断激励自己，并采取科学有效的方法，让自己保持年轻的容颜、充沛的精力，就会活得充实，活得健康，活得精彩。

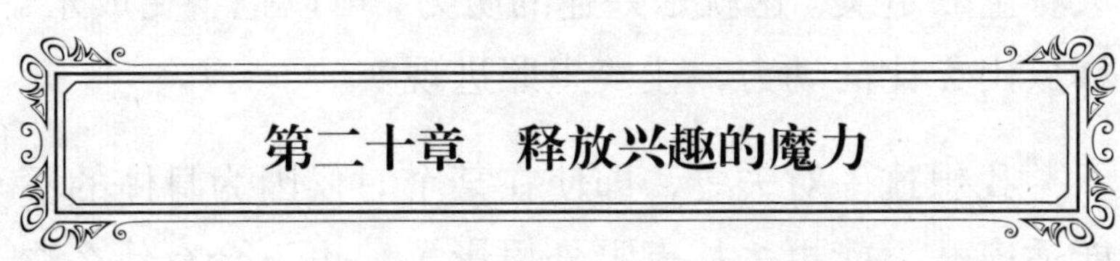

第二十章　释放兴趣的魔力

兴趣的魔力在于可以释放出无比强大的动力，它是生命力的一个重要支点。

看过一部纪录片，讲的是一对台湾的退休夫妻，酷爱摄影，特别钟情于鸟类摄影。退休以后，夫妻俩购买了摄影器材，旅行装备，往来于世界各地的湿地，春夏秋冬，拍摄各种鸟类的栖息、恋爱、生儿育女、起飞、滑翔等生动的照片。影片记录了夫妻俩起早贪黑，为了抓拍一个镜头，不惜在自制的窝棚里待上好几天。在冰天雪地里，住着帐篷，等待鸟儿的出现。那种苦不是一般人能吃得了的。但在那对夫妻心里，那不是苦，是乐，是一种期待的乐，一种成功的乐。他们在世界很多杂志上发表过摄影作品，在各种摄影大赛上获过奖。这就是兴趣的魔力，可以把苦变成乐，释放出无比的动力，让梦想照进现实。

我想这一对夫妻，即使在某个时候因为身体的不能适应，不能再去从事野外摄影了，也不会有什么遗憾了，因为他们有太多美好的回忆，足够他们慢慢品味了。这样丰富的人生经历，真让人羡慕啊。

看完这对夫妻的经历，你会想到这是老人的行为吗？

我弟弟也爱好风景摄影。听他讲，为了拍摄到一个日出镜头，他可以半夜就出发，守候几个小时抓拍一个镜头。有时因为天气原因，无为而返，他也不会气馁，选择好天气，再度前往，直到自己满意为止，这就是兴趣的魔力。人在这种状态下，精神有追求，有寄托，是逆袭衰老最有效的方法。

很多朋友，其实心底里都藏着未曾实现的梦想，由于时代的局限，生存的压力，方方面面的原因，无奈暂时放弃了自己的兴趣追求。

在一档综艺节目里，有这样一位妈妈，应该是我们那个年代的人吧。年轻时酷爱舞蹈，考入了文艺团体，但由于家庭出身没能如愿，这个遗憾一直埋藏在她心里。退休后，她一直坚持训练，盼望自己有一天能站到朝思暮想的舞台上。这一档综艺节目，实现了她的梦想。在舞台上，她非常自信、完美地表演了芭蕾舞剧《红色娘子军》的片段。当她讲出自己的年龄和梦想时，评委、观众和台下的儿女都非常感动。

兴趣的魔力在于可以释放出无比强大的动力，它是生命力的一个重要支点。大家都说，最幸运的人莫过于一生从事自己兴趣所在的工作或事业，但有很多人没有这种幸运。

退休了，幸运的机会来了，发掘出自己的兴趣，努力去实现，不要被传统观念束缚，为自己的兴趣选择项目，可以是舞蹈、唱歌、钢琴、书法、花艺、茶道，也可以是旅行、摄影、收藏、种植、演讲、武术，设定目标，投入精力和时间，让自己充分享受过程中的快乐。就像上面故事里的那位妈妈，实现梦想，获得成功以后的满足感、自豪感，既弥补了内心的遗憾，又丰满了自己的人生。

第二十一章　大胆地再爱一次

女人不能缺少爱。得到真爱的女人，像花儿得到充足的养分，绽放得绚丽多彩，分外娇艳。

恋爱，能使女人的容颜焕发青春光彩，变得更加美丽年轻。

我有一个以前在一起同事过的朋友，人很漂亮，有十七八年没见了吧。最近几个朋友相约一聚，见面后大家还是那么亲切。我这个朋友已经奔六了，但不

管是容颜、身材还是精神面貌，绝对比实际年龄小10岁不止。七八个女人聊天可热闹了，追问她有什么秘诀保养这么好。听她讲来，多年前已离婚，其实她老公我早年也认识，离婚也在情理之中。这几年她又谈过几次恋爱，现在还没有结果。聊天中我告诉她："不一定要追求结果，谈恋爱就好，这个年龄段的女人能恋爱，是最大的福音。"离开时她悄悄告诉我，她还未感受到什么是更年期。我很惊诧，恋爱的魅力真大啊！

女人到了更年期，说明身体里正在发生剧烈的变化，雌激素呈直线下降，随之而来的是骨骼、各种脏器、记忆力的衰退。这个时期，特别容易患上更年期综合征、更年期抑郁症。但如果你是单身，不妨试着去谈恋爱。

人在恋爱中，身体的副交感神经会兴奋，刺激激素的生长，非常有利于更年期身体的需要，是减缓衰老、平稳度过更年期的最佳良方。

恋爱中的女人是幸福甜蜜的，每日处在思念、期盼、愉悦的情绪中。

从心理学的角度来说，这也是转移注意力，人在美好的感受中，对更年期带来的不适就忽略了。

因为爱，女人会自觉关注自己的容颜、身材、服饰等形象，主动为所爱的人做出改变，让自己看起来更年轻漂亮，更有吸引力，这就是爱的动力。

我父亲患癌症13年，去世的时候，我母亲53岁。我开始非常为母亲担忧，但后来发现，我母亲和父亲以前的一个朋友（妻子也因病去世了）好上了，我知道后很欣慰，明白母亲已渡过难关。我继父人很好，对我们姐弟都不错，性格和我母亲特别互补。我母亲是急性，做事风风火火，独立自主，我继父从不计较，忍让大度。他们结婚以后度过了一段非常美好的时光，曾一起到过国内外很多胜地旅游，拍过很多照片。我继父90岁去世。我母亲虽然奔九的年龄，但生活仍然自理，比同龄人年轻，这样的状态，和这一段美满的婚姻一定有密切的关系。

而我身边有个朋友，单身，条件还不错，女儿也非常支持妈妈再婚，主动为妈妈穿线搭桥，忙前跑后的。可做妈妈的却顾虑太多，不敢迈出这一步。担心婚后财产呀，担心对女儿不好呀，担心对方的子女不好相处，等等。太多的障碍，让自己离幸福一步之遥，却抓不到。

其实这些顾虑大可不必。人的一生中什么最重要？这个问题的答案特别简单，我相信绝大多数人都会回答：快乐和幸福。但我们往往在做选择的时候，却忘记了选择的初衷，被眼前的一些利益和琐事左右，放跑了获得快乐幸福的机会。

人世间没有免费的午餐。我们的任何所得，都是用付出交换来的。智慧的女人，一定知道自己要什么，为自己的需要付出，天经地义。

女人不能缺少爱。得到真爱的女人，像花儿得到充足的养分，绽放得绚丽多彩，分外娇艳。没有爱的女人，会很快枯萎、凋谢。

第二十二章　书是女人最好的朋友

爱读书的女人最美丽，爱读书的女人美得别致。

三毛说："读书多了，容颜自然改变，许多时候，自己可能以为许多看过的书籍都成了过眼烟云，不复记忆，其实它们仍是潜在的。在气质里、在谈吐上、在胸襟的无涯，当然也可能显露在生活和文字中。"

我们从小开始读书，为了学习知识、技能，了解大千世界，一直读到大学，还有读到研究生，读到博士后的。

进入社会工作以后，为了丰富思想，更新补充知识，开阔视野，陶冶性情，我们还要读书。这个阶段读书，和在学校学习有很大不同。因为有了社会实践、工作经验、生活阅历，读书也更有的放矢，选择性更强。

就我自己的体会，开卷必有收获。

在做企业的那些年，经常是空中飞人，一个月飞七八次都有。那时工作确实忙，平日里很难有时间看书，但我却非常渴望多读书。后来发现，乘飞机看书，或带上书，或到机场购书，是非常不错的选择，哪怕飞机延误，人也不会烦躁，因为有书陪伴。那时在候机、乘机时看的书，对我经营管理企业有很大帮助，飞机落地，必有收获。选择的书，多半也与企业经营管理、市场经济有关。那时养成的读书习惯一直延续到现在。

退休以后，时间更多了，读书也更多了。但读书的形式和内容也有了些许变化。

选择一些自己感兴趣的领域的书，可以满足自己的好奇心，开阔视野，并从中学到新的知识。

我一直对人性感兴趣，世间林林总总的人，有着各种复杂的思维和行为，想了解个中原因，便买了关于心理学的书籍。阅读之后，对人的了解更多，更理解人行为背后的成因和人性的本质，对世间的人和事更加释然了。

书，是女人最好的朋友。心情沮丧的时候，读一本或励志、或温暖的书，让自己尽快走出负面情绪的阴影。

一个人孤独的时候，书是最好的陪伴，让自己在书中或漫步，或奔跑，或飞翔，或停栖，品味孤独的别样滋味，也是另外一种享受。

带上一本喜爱的书，去一处户外的咖啡馆，坐在树下，一缕阳光，一丝清风，浓浓的咖啡香味，悠悠的心境，还有什么比这样的体验更惬意的呢。

或在家中，点一炷沉香，泡一壶清茶，放上轻轻的古琴乐，抱上一本书，闻香、品茶、看书、赏乐，远离大都市的喧嚣，为自己营造一片心灵的净土。

这种体验是很多女人向往的。闲下来了，不妨为自己营造这样一种生活境界，做一个优雅、精致、有思想且有情趣的女人。

爱读书的女人最美丽，爱读书的女人美得别致。

第二十三章　向法国女人学习优雅

在我们逐步走向富裕以后，需要学习很多东西，要让财富为提高我们的个人素质、提高我们的生活品质、提高我们生命的价值发挥作用。

女人的优雅，是一种可以穿越岁月的美。在生活中，做一个优雅的女人，应该是女人心底里永远的追求。

优雅是表现风度举止的一种状态，它是自然的、个性的、简洁的、调和的、知性的，绝对不单指外在的美丽，而是顺应生活各种不同状况，反映出来的内在的一种成熟、智慧和宁静。内心没有优雅，就不可能表现出外在真正的优雅。

在中国当下，女人年过25不再谈青春，年过35不再谈年轻，年过45，无论曾经如何花容月貌，都不再谈姿色。人们忘记了女人可以永远谈优雅。

在法国，年长仍旧风姿绰约的女人比比皆是，她们身材苗条，气质高雅，打扮精致时髦。在巴黎的大街上，咖啡馆里，出游的小汽车里，经常能看到这样的女人。

中国人到法国旅游，最羡慕的就是法国女人的这种从容、优雅的生活状态。

我有一个朋友到法国旅游，在巴黎的一条小街上，看见一辆小小的汽车开过来（到过巴黎的人都知道，由于停车难，巴黎人都开各式小小的轿车），很快的速度，停在了路边一个看似很挤的车位上，停车的操作技术娴熟得让人惊叹。我这个朋友当时猜测，开车的一定是个帅哥。没想到车门一开，走下来的竟然是一位优雅时髦的老太太。这件事刺激了我这个朋友，当时我这个朋友还未奔五吧。回到国内，马上报名学车，现在车技也应该不错了。

还是在二十几年前吧，一个做广告公司的朋友，经常带着大的服装公司到巴黎去拍广告。那时他就告诉我，在巴黎的大街上，不管是何种年龄段，只要是法国女人，找不出一个穿衣打扮不得体的人。他当时说话的语气，我到现在还记得。

穿得对，远比穿什么更重要。法国女人很懂得服饰搭配的重要，走在大街上婀娜多姿的法国女士，她们的衣服不一定华贵，但是裁剪适体，颜色搭配得宜，丝巾、饰品的佩戴，让人觉得赏心悦目。法国女人穿在身上的服饰，一般都不会超过三种颜色。

前面提过，优雅，应该是女人心底里永远的追求。女人都爱看时装秀，在T台上，模特穿着各式时尚优雅的服装，摆出各式优雅的姿态，让女人们羡慕不已。但是，我要告诉朋友们，那只是模特为了效果表演出来的优雅而已。

在生活中，要真正做到一个由内到外散发出优雅气质的女人，是需要长期修炼的。这种修炼，需要从性格、言谈举止、生活习惯等方面去训练自己，不是穿一身时尚的衣服，化一个漂亮的妆容，模仿一下明星们的仪态就是一个优雅的女人了那么简单。只有内心对生活、世事的沉着淡定，才能表现出外在的从容优雅气质。

法国为什么能造就出女人优雅高贵的气质？那是因为法国有历史的沉淀和传承，有着深厚的文化艺术底蕴。而在中国，很多悠久的历史文化都没有得到保护传承。在人心浮躁、快餐文化充斥各个领域的时代，要修炼出优雅气质是需要定力和耐力的。

如果一个人因为从小缺乏美学教育、艺术教育，一切向钱看，要修炼出优雅的气质，选择优雅的生活是有一定难度的。但优雅的气质和优雅的生活毕竟是美好的，是女人们都向往的。

在我们逐步走向富裕以后，需要学习很多东西，要让财富为提高我们的个人素质、提高我们的生活品质、提高我们生命的价值发挥作用。

我们不能只用羡慕的目光仰视欧美人的生活方式，而是要学习创建适合我们自己的，自由、从容、优雅、健康的生活方式，真正享受到富裕以后生活品质和身心健康的提升，以及面对未来的那一份从容和自信。

第二十四章　事业有成，财富积累以后

在当下社会，要想在人生的第三阶段，从容、优雅、自由、健康地享受生活，就必须具备现代的生活理念。在人生的第二阶段，拼搏奋斗的同时，逐步规划和筹备好人生第三阶段的生活蓝图。

当下社会，有很多的成功人士，在不同的行业领域卓有成绩，但当提及生活中的幸福感时，很多人是摇头的。

成功为什么不能和幸福感画等号呢？

是因为在当下“钱”字当头，人人为挣钱而忙碌的今天，人们往往忽略了挣钱的目的，把挣钱设定为人生目标。

有很多老板，挣了很多钱，而生活却一塌糊涂，家庭关系一塌糊涂，身体也一塌糊涂。他们从未想过，用获得的财富，为自己设计创造一种从容、优雅、自由、健康的生活模式。很多老板有钱、有房、有车、有奢侈品、有朋友社交，每日忙碌于生意、关系应酬，却缺失生活的真正乐趣，缺失幸福感。

究其原因，在于人们缺乏一种意识，人的一生真正需要的是什么？在人生的每一个阶段，我们应该怎样对待，怎样度过？

前面讲过，人生应划分为三个阶段，每一个阶段有其任务和目标。积累财富，在人生的第二阶段是一个目标，但不是目的。

作为一个平常人（而不是胸怀大抱负的人），积累财富的目的，是为了在人生的第三阶段，能够更从容、优雅、自由、健康地享受生活，不留遗憾地走完生命的最后历程。这才应该是我们努力拼搏奋斗的真正意义。

中国有句老话，“老来福才是福命”。这句话的含义是，人老了是不能受苦的。年轻时受苦没关系，因为有身体的资本，时间的资本、有后续无限的可能。但人老了，再吃苦受累，拼搏奋斗，就是一件很无奈且悲哀的事情了。中国的传统观念中，养儿防老，就是希望到老时，能够不再辛苦，有儿子媳妇侍奉，享受晚年。

在当下社会，要想在人生的第三阶段，从容、优雅、自由、健康地享受生活，就必须具备现代的生活理念。在人生的第二阶段，拼搏奋斗的同时，逐步规划和筹备好人生第三阶段的生活蓝图。

在广州，有很多20世纪80年代、90年代南下来打拼的，来自全国各地的淘金者，做服装、电器、珠宝、家具、建材、小商品，数不胜数。这一大批人，绝大部分在广州生存了下来，曾一度成为支撑全国商品流通的强大支柱。

但随着经济的发展，形势发生了很大的变化，市场开始分化，全国各地的市场逐步形成并发展壮大，广州市场一枝独秀的大好时光已一去不复返了。

市场虽然发生了大的变革，但早期来广州打拼的各路大军，多数人并没有退出市场，为了生意，为了事业，为了财富，他们还在努力地支撑着，寻找继续生存发展的空间，期望市场有逆转的可能。

我所熟悉的服装行业，很多80年代、90年代弄潮的女老板们，应该都在奔五奔六的路上了。她们中的很多人，辛苦拼搏了二十几年，起早贪黑、操心耗脑、担惊受怕是家常便饭，透支着精力，透支着健康。但她们却不知道放下，也不懂得该如何放下。多年来苦苦经营的成果，要放下，对于她们来讲是多么的困难。

很多朋友看到我毅然放下了企业，过上了自己想要的生活时，都十分羡慕。但要她们这样做却是很难。

她们中的很多人，其实已经有了足够的财富积累，完全可以全身而退，规划自己未来的人生，享受自己多年来奋斗的成果，但她们却没有这样选择。

改革开放四十多年了，政治、经济、市场已经发生了天覆地翻的变化。改革开放初期，凭着胆大、苦干就可以一举成功，不需要太多的先进理念、管理才能、科技手段。而当下，比当初的市场环境要复杂得多，除了需要胆大、苦干以外，更多地需要敏锐的洞察力、应变能力、市场前瞻性以及对高科技的掌控应用能力，更需要对整体政治经济形势的判断，准确的决策能力。

很多的老板，出道早，靠着胆大苦干起家，一干就是一二十年。对市场变化探讨研究很少。销售下降了，库存增加了，却不能做出准确判断，侥幸地等待市场好转，用从前的经验解决现在的问题，殊不知，眼前的市场早已不是早前的市场了。很多老板因此把先前赚得的财富，又赔了进去。在广州、东莞、佛山、浙江、温州有很多这样的案例。

互联网电子商务正在逐步取代传统的产业模式和渠道，但很多老板并不知该如何转型，还是用十几年前的方式应对市场变化，这一定是死路一条。

识时务者为俊杰。女老板们一定要承认自己的短板，从综合能力方面已经不能驾驭现在的市场。奔五奔六的年龄了，也该为自己打算打算了。

在我认识的老板中，也有为自己后续规划的。最多的，就是购置房产。有的人生意在广州，老家在东北，却在老家、广州、苏州、海南、珠海各地区购置了多处房产。从投资的角度看这并没有什么问题，但这只能算是财富积累、分散资产风险、保值的做法，并不能算是完整的规划。

对未来的规划是一个全方位的规划，而不只是保住了财富，就等于保住了幸福，保住了第三阶段人生能够从容、优雅、自由、健康地生活。

我写此书，有一个最大的愿望，就是希望在奔五奔六路上的女老板们，能够看懂本书，从中受益，选择适当的时间，适当的方式，退下来，保住财富，利用好财富，为自己设计一个自己真正想过的生活规划。

有一个朋友，是做服装饰品的女老板。在广州也拼搏二十几年，快奔六了。因为这么多年一直忙忙碌碌，已经形成职业病了。怕闲，一闲下来就心慌。她告诉我，我可以退下来呀，可退下来该干什么呢？有这样想法的人其实真不是少数。多年来，操碎了心，也操惯了心，因为忙，放弃了一切自己的兴趣爱好，脑子里只有生意、市场、利润。一旦闲下来，还真觉得空荡荡的，一时没有东西填补空虚的心。我和这位朋友聊了很多次，帮助她找回自我，找到她除了生意赚钱还想得到什么，人生还有什么没有满足的愿望，后面的日子想怎样去度过。这位朋友是一个单亲妈妈，女儿早早被送出国留学，已定居在国外。她只身一人在广州打拼多年。

通过我们的沟通，我了解到她内心深处的孤独，恐惧空虚，渴望被爱，渴望家庭温暖，渴望和有共同语言共同兴趣的爱人，去世界各地旅游。

其实有很多人并不一定真正了解自己，也会被一些表面现象迷惑。由于这位朋友敞开了心扉，找到了自己真正的需求，所以，她下决心放下了生意，保全了多年积累的财富。更可喜的是，她找到了一位趣同道合的伴侣，时下正在世界各地享受生活给予她的无限乐趣。

事业有成，财富积累，幸运地成了中国先富起来的一批人。一定要珍惜上天赐予的机会，急流勇退，保住多年拼搏的成果，并享受这些成果，才是最明智的选择。

第二十五章　财务保障，重中之重

经济相对独立的女人才有幸福可言。只有做足了退休后的个人理财计划，有充足的财富保障，才能安心选择退休后的自由生活。

确保后顾无忧的第三阶段人生，财务保障是重中之重。

人活着，钱没了，应该是很悲哀的结局吧。为了避免这种尴尬结局的出现，未雨绸缪提前规划是非常必要的。

退休生活的财务准备包括几个方面。首先是要提前做好财务的筹划，除了退休金以外，一定要有足够的积蓄，用于保障第三阶段人生的各种支出和生活质量。其次，为了资金的保值增值，积蓄的投资可分层次，一定比例的安全投资，或有相对固定的收入。一定比例的低风险投资，相对高一些的回报率。在投资后，一定要定期对投资进行重新评估，因为经济形势会不断发生变化，投资项目的风险和收益也会发生变化。

经济相对独立的女人才有幸福可言。只有做足了退休后的个人理财计划，有充足的财富保障，才能安心选择退休后的自由生活。

尽管已是 21 世纪的新时代，但传统观念还是制约着很多女人。“干得好不如嫁得好。”有些女人将自己的命运寄托于找个有钱的男人，却忽视了个人能力的提高和财富的积累。这样的人生风险是不言而喻的。

还有一些女性朋友，缺乏综合的理财观念和知识，错过了资金保值增值的机会。

在为自己退休后的财务准备时，不主张去做冒险的投资。

在理财前，首先要考虑资金的安全，千万避免冲动的、被忽悠的投资行为。一定注意几点：不懂不投，不了解不投，不跟风投，千万不要被高额回报所迷惑，回报越高的投资，风险也是越高的。

在准备退休的阶段，已经没有精力、时间和能力去承担大的风险和重新开始创业，所以谨慎的财务策略是最重要的。一定要在确保本金安全的基础上，再考虑保值增值的需要。

当然，有的朋友有足够的财富积累和投资常识，可另当别论。可以按比例分散投资，鸡蛋不放在一个篮子里。用一部分资金做安全保障，也可以考虑一部分风险可控的、回报略高的投资。这样可以在确保安全的前提下，获得更高的收益。

当下有些朋友对退休后的财务保障缺乏足够的认识。有钱存在银行就行了，或者买几套房、几间商铺，并没有一个周密的计划和策略。

我们想一想，现代人的平均寿命已经大大提高了，特别是女性的寿命。我们一定要珍惜这来之不易的、被延长的这一段生命，自由地、有质量地、快乐地走过人生。要做到这一点，前期的财务准备就是关键的环节，有前瞻性的眼光，有充足的财务保障，后面的生活才会无忧无虑，活得安心，活得洒脱，活得有尊严。

千万不能出现“人活着，钱没了”的尴尬局面。

幸福的女人最为美丽

对于一朵鲜花来讲，它的美丽来自于清澈的泉水、肥沃的土地和明媚的阳光；对于一个女人来讲，她的美丽来自于幸福的家庭、自信的人生与自我的养护。而这些首先需要你是一个智慧的女人，要懂得如何照顾家庭、照顾自己。

第二十六章　处理好家庭关系，才能获得自由

家庭关系，是一个既简单又复杂的关系，处理好了，一家人和睦相处，其乐融融，处理不好，就是一件非常闹心的事，会影响家庭成员之间的感情，造成不必要的矛盾。

在奔五奔六路上的女性朋友，应该都是或快升级为姥姥、奶奶级别了吧，家庭关系也更多元了。除了自己的父母、老公的父母、儿子或女儿以外，有了媳

妇或女婿、孙子或孙女。

在退休前后，正好添了孙子或孙女，就出现了照顾小孩的任务如何分担的问题。希望在第三阶段人生有规划、有期望的朋友，处理好这层关系是非常重要且必要的。如果能事先预测到可能出现的矛盾，提前提出解决方案，比出现矛盾问题以后再纠缠、再解决要明智很多，也更利于家庭关系的和睦。

孙子孙女出生以后，的确是一件纠结的事，既是喜事又是忧事。喜在增加了家庭小成员，为家庭注入了活力，注入了希望；忧在一个小孩从出生到长大成人，是一个漫长的过程，需要付出的心力、时间、财力是非常多的，所以现在即使放开二胎，很多家庭并不敢贸然决定生二胎。特别是在当下，育人成本很高，父母对子女的期望值也很高，这更大大提升了育人的成本。

家庭关系，是一个既简单又复杂的关系，处理好了，一家人和睦相处，其乐融融，处理不好，就是一件非常闹心的事，会影响家庭成员之间的感情，造成不必要的矛盾。

我们先聊聊当下的婆媳关系。婆媳关系，在中国的家族历史中，内容太丰富了。有相处很好的，也有很多难以相处的。相处好的，多以媳妇的忍辱负重为代价，换来婆媳关系的和平相处。也有很多最后闹到离婚，其原因不是老公有问题，而是婆婆不能相处。

要想婆媳关系处理好，必须清楚，婆婆和媳妇的关系，为什么不好相处？

我分析原因有三：其一，婆婆和媳妇均为女人，是女人就有女人的特点。我们在前面章节描述过，由于女人的身体特点和生理属性，注定了女人性格的多变性、敏感性。如果婆婆和媳妇的性格相向而不是互补，那相处的困难就可想而知了。

其二，在婆媳关系中，有一个长期被忽略，且非常重要的因素,就是媳妇是没有血缘关系的外来人口，价值取向、生活习惯、家庭教育、文化修养等很多方面都是另外一个家庭体系，和现在进入的这个家庭应该有很大的差异。但往往在媳妇进门以后，婆婆却拿这个家庭的各种标准去衡量和要求媳妇，所以就很自然地产生了矛盾。很多小事，媳妇认为我从小到大就是这样做的，而在婆婆眼里，这样做就是错的。

其三，现在的独生子女家庭，在培养孩子的过程中，个体家庭的方式千差万别，小孩长大以后，有独立性很强的，很自我的。也有很多娇生惯养，没能形成完整人格的，无论长多大，心智都是一小孩。很多单亲家庭的孩子，在成长过程中，受过挫折，存在情感和性格缺陷。这些小孩成家以后，处理事务的能力也是差异很大的。要融入另一个家庭，接受另一个家庭的成员，以及价值取向、生活习惯、文化修养等，是需要过程和时间的。

在了解了婆媳关系个中缘由以后，就应该清楚婆媳关系不好相处的原因了。为什么和女婿相处就没有那么多矛盾呢？那是因为女婿是男性，男人嘛，性格和女人有很大差异，异性相处，自然就会容易很多。

做现代婆婆的女人，一定要想通一个道理。儿子和媳妇恋爱结婚,是因为他们有彼此相互吸引的地方,也叫缘分吧。但对于这个新家庭的其他成员，并不具备这个条件，也许还存在很多矛盾的地方，但由于儿子和媳妇的结合，大家又不得不相处一起，所以出现摩擦和问题也属正常。

处理好家庭关系，是非常必要的，关系到自己和每一个家庭成员的幸福指数。作为一家之主的婆婆，就更应承担起这个责任。

做一个有理性的、有主见的现代女人，就要有好的理念和策略，用智慧、情商处理好未来的家庭关系。

对于婆媳关系，要有包容之心，不能过分苛求。在与儿子的关系中，一定要放得下，该放手时就放手。

孙子孙女即将来到之时，要有充分的思想准备，以及未来家庭事务、时间的计划安排。作为婆婆，要把这些规划好，把责任、事务、时间分配好，找适当的机会，提出自己的想法和意见，征得儿子媳妇的理解赞同。

在中国，老一辈负责孙子辈好像是顺理成章、理所当然的事。很多女人，在成为婆婆或丈母娘以后，情愿或不情愿地承担了照顾孙子孙女的责任，更有甚者，连抚养的费用都由奶奶姥姥辈负担了，又出钱又出力的。这其实是一件非常不合情理的事。父母在完成了自己的子女责任以后，还要承担下一辈的责任，这未免太过沉重了。这在欧美是绝对看不到的。

我认为，这应该是一个生命理念问题。每个人的生命应该都有其自有的价值。有应该承担的责任，有应该得到的快乐，有经历的坎坷，也有享受幸福的机会。

在中国传统的理念中，女人承担了太多而沉重的责任和负担，眉毛胡子一把抓，把所有的家庭责任事务都揽在自己身上。很多女人并不情愿这样，但却无奈地接受现实，没有意愿和能力去改变。

央视的一则广告，画面上一个年轻女人对自己的儿子说：等你长大了，妈妈就享福了。接着切换画面，这个女人已经白发苍苍，又对着一个小女孩说：等你长大了，奶奶就享福了。这则广告非常贴切地体现了中国大多数女性的人生理念和生活现实，让人看了很是心酸。这个老太太会等来幸福吗？现实告诉我们，很难！

前面讲的一念之差，就是这一念——人生的理念，家庭治理的理念，这一念转变了，我们的生活也会随之改变。

我有一个朋友，一个有智慧且理性的朋友。退休以后，有自己的兴趣爱好，也从事一些社会慈善活动。在有了媳妇，添了孙女以后，家庭关系处理得很好，一点没有影响到她自己的生活规律和生活质量。

在孙女来到之前，她首先与儿子媳妇沟通，抚养下一代是他们自己的责任，并告诉他们应该怎么做，怎样分担家务、分配时间，儿子媳妇负责哪一部分，父母负责哪一部分。真所谓，先说断，后不乱啊。等到孙女降生后，有理有条，分工合作，互相配合，各负其责。这应该是一种新型家庭关系处理的典范。

现代社会，现代女人，一定要有智慧，有理性，不要用那种絮絮叨叨、婆婆妈妈的方式处理家庭关系。特别是有些人喜欢把家里的不愉快、婆媳的矛盾、与老公的矛盾，在朋友面前絮叨，其实这是最不好的，既浪费口舌，又解决不了问题。

时代不同了，我们不光是财富增长了，物质满足了，同时应该对生命的认识、对生活方式的认识、在人生境界上做一些相应的调整，这样才有可能让财富、物质真正提高我们的生活质量和幸福指数。

第二十七章　一个人也要活出精彩

选择了单身生活，就更有条件设计好自己喜欢的生活方式，起码不受另一半的局限。珍惜得到的自由，放开心胸，随心所欲地去寻找自己的幸福。

选择单身，有三种情形，一种是终身不嫁，独自享受单身生活；一种是进入婚姻状态后恢复单身；还有一种是失偶以后选择单身的。

不管是哪一种情形，这都将是一个女人的生活。

随着时代的进步，社会的宽容度大大提升，多元化的生活方式已悄然到来，选择什么样的生活可以由自己说了算，少了很多来自外部的压力，特别在一线城市。今后会有更多的人选择单身，当下的欧美就是如此。

能够选择单身生活方式的女人，一般而言，心理会比较强大。因为女人天生的特性，多数女人的性格还是偏弱势，依赖性、依附性应该是多数女人都具备的。

而能够选择单身的女人，虽然自由、随性，少了很多约束和麻烦，可以按自己的想法选择生活，但并不等于没有烦恼，一个人也会有孤独感，也有无奈、无助的时候。所以内心强大的女人才会主动选择单身生活，享受单身生活。

选择单身生活，并不是选择清教徒的生活。相反，有更多自主选择权和掌控权，可以让生活更丰富多彩。

多交一些朋友，包括异性朋友。在有困难时可以求助朋友帮助，有心理需要时，可以找朋友倾诉，和有共同语言兴趣的朋友共进晚餐也是一件让人愉悦的事。

有人曾这样讲过，一生中能在最需要的时候，有朋友愿意静静地听你倾诉，是最幸运的了。朋友们，想想你身边有这样的朋友吗？

人的不良情绪的积累，会造成人心理上、身体上的伤害，过激的不良情绪，还会出现极端事件。所以，不良情绪是需要及时疏泄的。而向朋友倾诉，就是一种很好的疏泄形式。一个人孤独的时候、郁闷的时候，不妨找朋友一起聚一下，喝下午茶，吃一顿晚餐，就会让心情从阴转晴。

所以选择单身生活的女人，建立一个良好的朋友圈是非常重要的。

我有一个早年的朋友，结婚早，在 20 世纪 80 年代初，择偶的标准也不同现在，很单纯的。但相处长了，发现双方不合适，协议离婚了。离婚十几年，她尝到了一个人生活的甜头，再也不想结婚组织家庭了。在一次聚会时，她发表了她的单身感言：不嫁不等于不交异性朋友，既是朋友，相互之间就没有了那么多的约束，更多的是享受在一起的快乐、美好，而不受所谓道德、责任的捆绑。听来确有道理。

在当下这个经济、科技高速发展的大背景下，社会的多元化、包容度，给了人们更多的选择权，按自己的需要选择生活方式，只要不伤害其他人的利益，应该是无可非议的。

按现在公布的人均寿命，女性要比男性的寿命更长，我们不去研究为什么女性寿命会更长，而有一点是不争的事实，就是很多的女性，最终都会主动或被动地单独一个人走完人生。既然这是无法选择的结果，那就更应该为自己提前做好各方面的准备，才不至于到时候感到无奈、无助，浪费掉上天赐予我们的生命长度。

在日本，65 岁以上的女性中，单身的占比是 50%。在未来的中国，也会出现这样的状况，所以有必要提前认识到这一点，有备才无患。

虽然在中国，很多人有养儿防老的观念，但我们想想，在当下独生子女的大背景下，儿女能陪伴父母吗？

我一直有一个观点，作为独生子女的父母们，一定要自强自立，不能有依赖子女的想法。想想在中国这样一个快速发展的形势下，孩子们要为他们的生存、事业奋斗，为恋爱、结婚、生子操劳，竞争的环境比我们那时候恶劣多了，不可能有太多的时间给予父母。作为父母，对子女最大的支持，最大的爱护，就是自强自立，活好自己，最大限度减少子女的负担。

喜欢小动物的单身朋友，也不妨养一只宠物小猫小狗，既可以相互地陪伴，又可以增加生活的乐趣。宠物和人不一样，宠物是从属主人的，你给予它爱，它一定会回报与你，而不会给你带来烦恼。特别是狗狗。

选择了单身生活，就更有条件设计好自己喜欢的生活方式，起码不受另一半的局限。珍惜得到的自由，放开心胸，随心所欲地去寻找自己的幸福。

女人在面对可能到来的单身生活时，要有足够的心理准备，对生活保持乐观积极的态度，有足够的财务准备和未来规划，让自己能够从容、自如地面对来到的单身生活，真正享受单身带来的潇洒自由的同时，让自己活得更充实，更精彩。

第二十八章　幸福的女人

珍惜得到的幸福，珍藏幸福的美好记忆，不放弃对幸福的追求，不放过得到幸福的机会，这是我们能够做到的。

女人对幸福的渴望和憧憬，是最具有想象力的。相信每一个女人，从少女开始就有一幅对幸福最美好的愿景图画。

女人被爱包裹时，是最幸福的、最美丽的。恋爱中的女人，与年龄无关，内心都是甜蜜的、温暖的、柔软的，这是女人一生最幸福的时刻。

一档综艺节目，一对男女上台表演一支表现爱情的双人舞蹈。舞蹈中两人配合默契，双目传神，含情脉脉，台下的评委观众都为之感动。表演完成后，两人手拉手站在舞台中间。当评委说：请自我介绍一下。这时男方看着女方用手比划，女方用不标准的语言回答：他们是一对聋哑人，男方听力好一点，女方语言表达好一点，所以这样配合回答问题。他们是一对夫妻，非常相爱，但因为女方身体状况不能生育，女方非常愧疚。说到这个问题时，男方的一席话，让女方、评委、观众都为之感动。男方这时拿过话筒，吃力地、不太清晰但一字一句地表白："不、能、生育、但、重要，重要、的、是、我们、相爱，我、将、爱你、一生、一世。"其实在他们的舞蹈中，这种情感已经表达得淋漓尽致。看着这个女人我在想，虽然身体天生有缺陷，但上天在关上一扇门的时候，为你开启了另外一扇窗。幸福的女人啊！

女人都憧憬有一段缠缠绵绵，或轰轰烈烈，或无限浪漫的爱情。

女人有爱滋养，就会青春不老，就会光彩照人，沉浸在幸福之中。

但是，在现实中，不是每个女人都那么幸运，能够得到自己渴望和憧憬的幸福。或者，曾经得到过，但却从身边溜走了。

几个朋友在一起聊天，聊到这个话题。感觉得到女人们对爱无限的渴望，希望还能永远保持恋爱时的感受，浪漫依旧，卿卿我我，但事实是那些曾经美好的幸福，早已被结婚后的生儿育女、照顾老人、生存压力、烦琐家务击得粉碎，随岁月飘散，没了踪迹。但女人呀，还是会去追寻，渴望得到。有一个朋友这样描述，每每希望老公能陪她逛逛街，看看电影，像那些恋人一样，生日时能送她一件心仪的礼物，但老公就是个忙，总有理由推辞，偶尔为之，也像完成任务一样，没有一点情调，让我朋友总以为老公不爱她了。

其实，现实生活中是没有永远的幸福的。

幸福是奢侈品，是稀有资源，得到是一种幸运。既是稀有，就不可能人人都有，既是稀有，就不可能长长久久。正因为这么不容易得到，所以幸福才成为从古至今人们一生的追求。

珍惜得到的幸福，珍藏幸福的美好记忆，不放弃对幸福的追求，不放过得到幸福的机会，这是我们能够做到的。

我这样告诉我的朋友，得不到的东西一定不要强求。结婚多年，夫妻双方早已太熟悉对方，早已习惯了对方的存在，已经没有了激情的燃点。爱情转化成亲情以后，会少了激情，多了平平淡淡的日常生活。承认现实，心中会释然很多。不要让自己埋葬在纠结郁闷抱怨中，把自己的精力转移到其他方面，去寻找另外的幸福体验，生活中一定会出现另一片艳阳天。

话说回来，幸福的内涵其实是很丰富的，爱的幸福体验只是其中的一部分。

随着经济的深入发展，国力的不断提升，老百姓的生活水平也发生了天覆地翻的变化。我们现处在一个超级变化的多元年代，也是一个逐渐形成更宽松包容的时代，这就给了人们更多追求幸福的机会，而人们对幸福内涵也有了更多不同的理解。

幸福要自己去创造，幸福要自己勇于去追寻。女人到了奔五奔六的年龄，能够保持美丽的容颜，令人羡慕的身材，活力四射的精力，知性优雅的气质，这也是女人追求的幸福体验吧。

幸福的女人是自己打造出来的。

第二十九章　健康与长寿

身心健康是追求的目标，而长寿是顺其自然最好。

健康与长寿之间并非绝对的正相关关系，但也不无关系。一般而言，健康不一定长寿，但长寿一定需要体质健康。

体质健康说明身体各部位器官功能和整体状况好，而长寿则说明身体的持久性和延续性更强。这是两个不同的概念。长寿应该是人类孜孜不倦追求的目标，但对于现代的我们，追求的长寿应该有更多的内涵。

有这样一个事例，一个躺在床上瘫痪数年的人，可以活到近百岁，当然这算是特例。这里，把这个命题拿出来探讨，就是想得到一个结论，怎样的活法，才是我们追求的目标。

我认为，现代人首先应该追求身心健康。心理健康和身体健康才能保证生活质量，保证我们能够有尊严地、体面地、按自己喜欢的方式生活。

随着经济和医学科技的发展，人类的寿命在不断提高。2015 年，日本女性的平均寿命已经达到 87 岁，中国女性平均寿命已经达到 75 岁。在生活小区里，放眼看去，七八十岁的老人比比皆是。我母亲 87 岁，还腰不弯背不驼，脑子清醒，精神很好。我婆婆也已经 94 岁了。所以，我认为身心健康是追求的目标，而长寿是顺其自然最好。

日本的女性，平均寿命是世界上最长的，进入人口老龄化社会也是比较早的。日本是发达国家，虽然近 30 年经济停滞不前，但日本在二战后的快速崛起，造就了一个强大的日本。日本的民族性格中，认真、坚持、注重细节这些优秀的品质，让日本一度在科技和制造领域，领先世界，成为美国之后的第二大经济体。日本民族的这种性格特点，还充分体现在他们对生活质量的需求上。

日本是一个国富民富的国家，养老配套机制相对完善。加之日本国民注重生活细节，对待生活同对待工作一样认真，并坚持不懈，所以日本女人的平均寿命是全世界最长的。而日本男人由于工作生活压力大，寿命相对要短些。

日本国民在生活质量方面的要求，在全球都是数一数二的。他们的精细程度，体现在科研、企业管理、产品制造和日常生活的方方面面。有些细节，做到了让人难以置信。这些其实是非常值得我们学习借鉴的。

日本人对生活质量的要求，从表及里。简单举例，鸡蛋，是生活中最基本的食品，我们无非要求原生态的土鸡蛋，新鲜即可。而日本进口鸡蛋的条件，近乎苛刻。我看过一个短片介绍，一家美国公司专门供应日本超市的鸡蛋，疫检方面、蛋白质含量方面就不在话下了，其他要求包括：鸡蛋外壳的颜色统一，大小统一，形状统一。这家美国公司为了达到这些要求，搞了好久的科研，才符合了日方的条件。

当下有的国人，在富裕以后，更讲究的是面子，里子怎么样就顾不上了。在外身穿名牌，风风光光，家里却一塌糊涂。日本人是把面子和里子都做到了极致，无论是工作还是生活。所以，日本女人的寿命，能够名列世界第一位，这是有因果关联的。

我曾遇到过这样一件事情，让我终生难忘，并对我后面经营企业和自己的生活，起到了非常重要的作用。

20 世纪 80 年代初，改革开放不久，最早进入中国市场的产品，应该就是日本的汽车和家电吧。那时我待的公司，和日本企业合作引进家电技术和产品。当时，日本方面派专人来中国考察。听说日方要来考察，中方当然会积极准备。在当时，引进一个项目需要层层审批，非常不容易。公司里上上下下总动员，把公司的环境，特别是大门、走廊、会议室、展厅布置得整整洁洁，就像迎接市级领导视察那么认真。

日方专员来的那一天，公司的领导、接待员、工程师都到机场迎接，本来计划是先到宾馆休息，下午再参观考察，但日方人员下飞机后谢绝了去宾馆，直奔公司。到公司以后，一进大门，日方人员提出了一个让在场所有人都想不到的要求。日方人员提出：首先去工厂，并首先考察工厂的男女卫生间。

那个年代，工厂的卫生间能见人吗？不能，绝对不能！卫生间在国人眼中是里子，会议室、展示厅、办公室是面子，面子还顾不上哪顾得上里子啊！考察的结果我就不用赘述了。

讲这个故事，是想说说日本人的生活理念。在他们眼里，卫生间比客厅重要，卫生间是私密之地，人要在那里完成人生命中很重要的身体需求。卫生间的洁具、装饰、灯光一切都必须是清洁的、舒适的、让人愉悦放松的。

这次的考察虽不尽如人意，却给我上了一课，非常重要的一课，让我日后受益匪浅。

在中国，我们是在不知不觉、匆匆忙忙奔小康中进入到人口老龄化时代，各种准备都没有做好。文化教育方面就更滞后了。网上、书店里大多是养生、保健、食疗药补、美容养颜、减肥瘦身的文章书籍，综合性的却很少。

每个人一生只经历一次衰老过程，因此不会先有亲身体验。如果在这方面缺乏必要的知识、可借鉴的经验，可能就会遗憾地错过一些预防疾病、延缓衰老的时机，失去本可以生活得更健康、更幸福的机会。

健康长寿是每个人对生命的期望，但如何能做到健康长寿，我们还需要学习和借鉴更多的知识。

第三十章　逆袭衰老，需全方位并举

生命是短暂的，不能浪费，我们只有一次生命，一次机会，生命的精彩是靠我们自己创造出来的。

中医认为，女人的生命 7 岁为一个周期。从我们出生算起，到第 2 个周期 14 周岁左右女性特征开始发育，第 3 个周期到 21 岁左右发育成熟，这时是女性生育的最佳时机，也是生命力最旺盛的时期。第 5 个周期到 35 岁至生命力的顶峰，然后开始平稳过渡

逐渐出现下行趋势。

在逐步下行周期中，女人的身体会悄然发生很多变化，但并不会太过明显，所以一般不会引起重视。但不管你知还是不知，身体的变化是开始了。

前面讲过，任何物体在下行时，速度是会加快的。如果没有一种力量控制这个物体下行，那么下行的速度会越来越快。但如果用一种力量向上牵引这个物体，那么下行的速度就会减缓，这个力量越大，下行的速度就会越慢。

本书里讲到的所有内容，都是要形成这样一股力量。

知道了，做到了，做好了，拽住青春的力量就形成了，你就有可能成为一个不老的神话。

拽住青春不放，这个拽住青春的力量是需要付出代价去换取的。

量变到质变的真理相信大家都知道。鸭蛋变成皮蛋的过程就是最简单的说明。在外力的作用下（加了碱性物质），通过时间的积累，改变了鸭蛋最初的形态，鸭蛋最终变成了皮蛋。量变是过程，质变是结果。

我们希望保持容颜不老、青春活力、健康体魄，是需要全方位并举的。有些女性朋友特别注重皮肤容颜的保养，却忽视了对身体这架大机器其他部件的呵护。单靠护肤品的作用，是很难做到容颜不老的。要想真正做到延缓衰老，保持青春活力，一定要内外兼修全方位并举，坚持不懈，通过量变到质变的过程，才会收到满意的效果。

对生命价值的认识每个人都有不同的诠释，但自由、幸福、健康是人类共同的追求。我们每日匆匆忙忙，却往往忘记了出发时的初衷。

看完本书的介绍，朋友们可以冷静地思考一下，现在的生活状态是你想要的吗？如果回答“不是”，那就应该赶快行动起来，重新规划自己想要过的生活、想要做的自己。

生命是短暂的，不能浪费，我们只有一次生命，一次机会，生命的精彩是靠我们自己创造出来的。

后 记

衰老，是人类的自然规律。其实，每个人都明白，不管我们有多么不愿意，有多么努力，人最终都会老去，会离开这个世界。如何优雅、从容地老去，有尊严、不留遗憾地离开，应该是女性朋友们关心和讨论的话题。

人的一生既漫长又短暂，像我母亲一样，奔九了，回头一看，怎么这样快，时间都去哪儿了，都做了些什么呀！好像还没有尽兴，还有好多的遗憾，如果人生可以重来，我母亲一定会活得更精彩。

人生重来是不现实的，看着老一辈的背影，珍惜当下的自己，选择自己的活法，就不至于在生命中留下遗憾了。书中介绍了很多有借鉴意义的故事，如果能跟他们一样，让朋友们能从中感悟到生命的价值，那我的心愿就达到了。

我们需要学习，调整观念，抓住机会，规划好自己人生的第三阶段。

本书的全部内容，多半是我自己在退休以后，体验到的感悟，以及发生在自己身体上的变化、心理上的变化，没有亲身经历是很难感知的。

由于前期还忙于工作，无暇顾及身体的变化，所以，也给自己留下一些无法弥补的遗憾。如果提前具备一些基本常识，我的身体会比现在更好，也会更显年轻。

希望通过本书的介绍，让更多在奔五奔六路上的女性朋友，特别是想保持青春活力、爱美且注重自我形象、生活质量的朋友，能够了解女人在衰老过程中，我们的身体、容颜、心理会发生怎样的变化，出现那些迹象时应如何应对。

有些功课是必须提前做的，错过了最佳的时间段就很难弥补。

了解更多的基本常识，做好全方位的准备，行动起来，逆袭衰老、远离衰老、保持年轻活力、健康体魄、美丽形象的愿望就不只是梦想，而是完全可以达成的现实。

让我们一起努力吧！